Le système Benzema

DES MÊMES AUTEURS

Gilles Verdez

Les Années Jacquet, avec Vanessa Caffin, éditions Solar, 1999.
Les Années Lemerre, avec Vanessa Caffin, éditions Solar, 2001.
Le Roman noir des bleus, avec Eugène Saccomano, éditions de La Martinière, 2010.
La Face cachée de Franck Ribéry, avec Matthieu Suc, éditions du Moment, 2011.
Manuel Valls, les secrets d'un destin, avec Jacques Hennen, éditions du Moment, 2013.
Le PSG, le Qatar et l'argent : l'enquête interdite, avec Arnaud Hermant, éditions du Moment, 2013.
Allez le PSG !, avec Eugène Saccomano et Gervais, Pat a Pan éditions, 2013.
Champions du monde 98 : secrets et pouvoir, avec Arnaud Ramsay, éditions du Moment, 2014.
Vipères du foot, avec Guillaume Evin, éditions du Moment, 2015.

Jacques Hennen

Manuel Valls, les secrets d'un destin, avec Gilles Verdez, éditions du Moment, 2013.

Gilles Verdez
Jacques Hennen

Le système Benzema

MAZARINE

Couverture : conception graphique © N.W.
Photographie : © Juan Manuel Serrano Arce / AFP / Getty Images

© Mazarine / Librairie Arthème Fayard, 2016.
ISBN : 978-2-863-74427-7
Dépôt légal : mars 2016

Un premier voyage à Bron-Terraillon, tout près de Lyon, où Karim Benzema a grandi. Deux coups brefs frappés à la porte du pavillon familial. Son père, Hafid, nous ouvre. Regard méfiant. Il se fait passer pour le gardien de la maison et nous invite à aller voir ailleurs... Une heure plus tard, un long coup de fil de l'agent de Benzema, Karim Djaziri, tour à tour enjôleur et furieux, amical et agressif. Nous sommes prévenus. On ne raconte pas la vie de Karim Benzema, l'attaquant des Bleus et du Real Madrid, sans l'accord et la supervision suspicieuse de l'intéressé et de son entourage. Sa vie est entièrement sous contrôle. Mais l'affaire de la sextape de Mathieu Valbuena va faire dérailler le système.

Karim Benzema, né en 1987, s'est mué progressivement en star cloîtrée dans une bulle inaccessible, coupée du monde, phagocytée par ses proches. Un être fragile, beaucoup plus complexe et fin qu'il y paraît, un éternel adolescent prisonnier du passé dont il n'a jamais réussi à s'émanciper, un footballeur depuis toujours sous emprise et, surtout, surtout… l'un des meilleurs joueurs de la planète. Un avant-centre, un buteur, cette espèce rarissime que les grands clubs s'arrachent en déboursant des fortunes (700 000 euros de salaire mensuel estimé pour Benzema au Real Madrid), malheureusement bien plus fort en club qu'en équipe de France, plus efficace en Ligue des champions, « sa » compétition, que lors des phases finales avec les Bleus.

Alors que nous terminions une longue et difficile enquête méthodique sur Karim Benzema, procédant par cercles concentriques pour s'approcher de lui, l'affaire de la sextape, dans laquelle la justice le soupçonne d'être complice des maîtres-chanteurs, éclate au second semestre 2015. Le scandale surgit, au pire moment. Précisons-le d'emblée, Karim Benzema, déjà innocenté dans un précédent dossier sulfureux, l'affaire Zahia, conteste vigoureusement les faits qui lui sont reprochés, et il est bien entendu présumé innocent. Il se défend pied à pied, mais le calendrier lui est défavorable. Va-t-il, une fois de plus, se sortir de ce guêpier ?
Benzema a déjà joué avec le feu, mordu la ligne jaune, mais cette fois le titulaire à la pointe de l'attaque des Bleus, attendu dans son habit de gloire pour l'Euro 2016 qui sera disputé en France en juin et juillet prochains, s'est professionnellement « suicidé ». À la manière d'un DSK à quelques mois de l'élection présidentielle de 2012. De

l'extérieur, ce présumé dérapage est incompréhensible. Car, au fond, Benzema possède déjà tout. Il n'a plus rien à prouver, sauf peut-être à remporter le Ballon d'or, son grand rêve de jeunesse, pour rejoindre les joueurs de légende, Lionel Messi et Cristiano Ronaldo. Star très jeune, Benzema est assis sur une fortune. Il a conquis les plus belles femmes, conduit les voitures les plus puissantes, possédé les montres les plus chères, dormi dans les plus beaux palaces. Séducteur au visage à la fois charmeur et viril, il aime s'habiller, entretient son physique, sculpte son corps au prix d'intenses séances de musculation.

Oui, Karim Benzema possède déjà tout. Mais, après cela, quel Graal conquérir ? Le plaisir de vivre, le soufre, l'interdit ? Il est constamment rattrapé par le besoin irrépressible de briser ce carcan conventionnel qui l'étouffe. Au lieu de fendre l'armure en s'ouvrant réellement au monde extérieur, il se réfugie dans le cercle étriqué des rares intimes auxquels il accorde sa confiance. Quitte à se mettre en danger...

Quand Karim Zenati, son ami d'enfance, son copain de toujours qui a déjà fait de la prison, son « frère » (qui conteste lui aussi les faits et bénéficie aujourd'hui de la présomption d'innocence), l'appelle pour évoquer un marchandage à la sextape contre son coéquipier chez les Bleus Mathieu Valbuena, Benzema tombe dans le piège. Par amitié, par bravoure, par défi ? Le Madrilène se jette avec une forme de naïveté dans la toile d'araignée tissée par les enquêteurs de la PJ de Versailles pour arrêter les présumés maîtres-chanteurs. Il est suspecté d'avoir joué le rôle d'intermédiaire et d'avoir fait pression sur Valbuena afin qu'il paie ceux-ci. Pour de l'argent ? Benzema en a déjà trop. Pourquoi alors ? Selon ses avocats, leur client a simplement et amicalement voulu prévenir son copain sans, pour autant l'inciter à verser la somme exigée. L'enquête judiciaire démêlera bientôt le vrai du faux, mais la bombe médiatique fait des ravages depuis plusieurs mois.

La sextape est devenue une affaire d'État. Lâché de manière plus ou moins explicite par Manuel Valls, le Premier ministre en personne, qui réclame l'exemplarité morale, puis par Noël Le Graët, le président de la Fédération française de football, par Didier Deschamps, l'entraîneur des Bleus, et finalement par le président de la République en personne, qui condamne son attitude et imagine mal le voir disputer l'Euro, Benzema, piqué au vif, redouble d'efficacité avec un Real à la peine en championnat d'Espagne. Un Real qui balbutie, piétine. Lundi 4 janvier 2016, le président Florentino Pérez se sépare de Rafael Benitez pour nommer Zinedine Zidane entraîneur de l'équipe première. Zidane, premier Français à la tête de la prestigieuse formation, va donc diriger Benzema. L'attaquant ne peut que se réjouir de cette décision. Mais ses réussites au Real et cette nomination qui lui est favorable – Benzema et Zidane sont très proches – ne suffiront peut-être pas à le sauver.

Alors qu'il est pour l'heure dans le collimateur de la justice, les Français le malmènent aussi dans les sondages.

Ils ne pardonnent rien à ce footballeur si talentueux, qu'ils trouvent lointain, antipathique, parfois arrogant. Et, surtout, les Français n'aiment pas les mauvais garçons. Ils ont rêvé Benzema en gendre idéal, en jeune homme bien sous tout rapport. C'est raté.

Fin novembre 2015, en pleine tourmente, son entourage organise une réunion secrète pour initier la contre-attaque. Un peu plus tard, Karim Benzema se défend comme il le peut dans un entretien préenregistré sur TF1. Peine perdue. Le voilà désormais, et jusqu'à nouvel ordre, interdit d'Euro 2016. Il faudrait un miracle judiciaire – mais les miracles existent – pour lui permettre de défendre les couleurs de la France. Car, s'il est bien présumé innocent par la justice, il faudrait qu'il soit blanchi avant l'entrée en compétition. Or, le temps judiciaire ne coïncide pas forcément avec le calendrier sportif. Toute fin janvier, Benzema a été une nouvelle fois entendu par la juge.

Benzema victime du système, de son propre système ? Pour percer ce mystère, il a fallu remonter aux sources, se replonger dans son enfance, plus de vingt ans en arrière, lorsque le petit « Coco » tapait inlassablement dans un ballon au pied de la barre HLM du quartier Terraillon, évoquer son père, qui l'aime et le protège jusqu'à l'étouffer, sa mère, qui jouait la gardienne de but même sous la pluie... Il a fallu retrouver ses entraîneurs de jeunesse, lorsqu'il a intégré le centre de formation de l'OL pour fuir une banlieue où il allait mal tourner, il a fallu retrouver ses pères de substitution, anciens joueurs, entraîneurs, présidents.

Benzema s'est construit sous influence, entouré d'un clan familial indestructible. Il se cherche toujours. Nous avons retracé les tentatives d'émancipation du gamin de banlieue devenu star du ballon rond, qui souhaitait couper le cordon mais n'est jamais allé au bout de ses idées. Nous avons éclairé sa part d'ombre, ses démêlés avec la justice ou la police, sa décision lourde de sens de ne pas chanter *La Marseillaise* sous le maillot bleu, ou ses escapades médiatisées avec Rihanna. Ce comportement est commun à de nombreux autres footballeurs : installés sur un piédestal très jeunes, devenus millionnaires presque du jour au lendemain, ils n'ont pas la maturité suffisante pour gérer ce nouveau statut.

Nous avons exploré les multiples facettes de ce personnage éminemment complexe afin de comprendre comment il en est arrivé là, au pied du mur, pourquoi s'est en quelque sorte inconsciemment plongé lui-même dans la tourmente.

Avant même l'affaire de la sextape, Karim Benzema incarnait déjà un joueur contesté, sans cesse au cœur de polémiques. Un joueur que l'on critique de plus belle aujourd'hui, sans retenue, sur le plan professionnel, mais aussi personnel. Il possède certes sa part de responsabilité, commet des erreurs, mais il est incontestablement la cible d'un certain acharnement. Parce qu'il s'appelle Karim Benzema, enfant de l'immigration, resté fidèle au code des cités, amateur de rap ? Est-il victime de son apparente nonchalance, d'un délit de faciès ?

Benzema ne s'est jamais tout à fait appartenu. Un véritable système s'est bâti, organisé autour de lui. Le premier cercle familial, l'agent, les rares amis ont érigé une forteresse. Sa communication est contrôlée. Alors, quand il s'échappe, comme pour lancer un cri d'alarme, il est accusé de dépasser les limites de vitesse autorisées au volant de bolides, de déraper dans des conversations téléphoniques surréalistes, d'apparaître dans la rubrique « people » des magazines. Au centre d'un système d'influences diverses, que nous avons décrypté, au sein duquel entrent en concurrence plusieurs sphères, Benzema a-t-il été victime ou bénéficiaire ? Sans doute devrait-il en sortir, le fuir, mais le peut-il encore ? Le souhaite-t-il vraiment ?

Face à l'adversité qui le galvanise, jamais Karim Benzema, compétiteur hors pair, ne s'est effondré. Cette fois, pourtant, nul ne sait s'il se relèvera. Même si, durant le premier trimestre 2016, quelques signaux encourageants pour lui et pour son éventuelle participation à l'Euro sont émis, en provenance du monde sportif...

Au fond, Karim Benzema, devenu célèbre trop vite, trop tôt, a toujours eu besoin de retrouver la vraie vie. Sa vérité, c'est sa famille, ses potes, sa banlieue, sa cité. Le reste, ce n'est que du jeu. Un jeu parfois dangereux.

I.
L'AFFAIRE

1.

Réunion secrète...

L'ambiance est lourde. Très lourde. La réunion a commencé à 10 heures, samedi 28 novembre 2015. Ordre du jour : il faut sauver le soldat Benzema. Pour les personnes présentes ce matin-là à Lyon, Karim est un fils, un frère, un ami, ou un client. Un proche, en tout cas. Le cercle des Benzema, en proie à de vives querelles intestines, doit se ressouder et définir une stratégie commune, la bonne, en termes de communication et d'image. Karim Benzema a tenu à participer à distance à la réunion tant l'enjeu est fondamental. La *conference call* débute une fois les réglages techniques effectués. La liaison avec Madrid fonctionne parfaitement. Tout le monde est concentré, le visage grave. Le système patiemment bâti depuis tant d'années vacille. Il est même menacé d'effondrement.

Le 5 novembre 2015, Karim Benzema a été mis en examen dans l'affaire dite de la sextape de Mathieu Valbuena, pour « complicité de tentative de chantage et participation à une association de malfaiteurs, en vue de la préparation d'un délit puni d'au moins cinq ans d'emprisonnement ». La juge d'instruction a assorti la mise en examen du joueur du Real Madrid d'un contrôle judiciaire qui lui interdit de rencontrer Mathieu Valbuena et les autres personnes suspectées.

Au-delà de l'affectif, immense, Benzema fait vivre de nombreuses personnes avec ses revenus mensuels, sa société, son association. Il lui faut reprendre pied sur la scène médiatique. Continuer à se taire face au déferlement de révélations qui, toutes, semblent à charge, équivaut à endosser le costume de coupable, idéal ou maudit. Le joueur doit répondre aux accusations, à l'opinion publique, à Mathieu Valbuena.

Répondre sur le terrain judiciaire, également, rôle dévolu aux deux avocats lyonnais, Mes Jakubowicz et Cormier. Le 28 novembre marque pour eux le jour de la résurrection de « leur » Karim. Celui de leur réconciliation, aussi. Entre les deux avocats, l'appréciation du dossier diverge quant aux actions à mener. Cormier a ainsi fait cavalier seul et initié une procédure : il a demandé au juge d'instruction d'être saisi d'un réquisitoire supplétif pour violation du secret de l'instruction après la parution du procès-verbal du premier interrogatoire de Karim Benzema dans la presse. Une procédure rapide qui peut permettre de connaître l'identité de ceux qui organisent les fuites, afin de les endiguer. Dans *L'Équipe*, Cormier associe Jakubowicz à son initiative et s'exprime en leurs deux noms :

« Nous voulons connaître l'identité des personnes qui organisent ces fuites. Nous trouvons ce procédé déloyal. Dans mon souvenir, les mêmes manœuvres dans l'affaire Zahia n'avaient pas empêché de démontrer clairement son innocence. » Mais, selon nos informations, au grand dam de Me Cormier, son confrère a décidé de bloquer cette procédure... Cet exemple est symbolique des divergences stratégiques entre les deux ténors.

Me Jakubowicz s'exprime énormément dans les médias, qui l'invitent volontiers sur les plateaux. Il s'est déjà occupé de Karim Benzema dans des affaires extra-footballistiques. Il est arrivé dans l'affaire de la sextape de Mathieu Valbuena après Me Cormier. Les deux avocats pensent au fond d'eux-mêmes que le dossier est gagnable, malgré les écoutes téléphoniques. En schématisant, deux entités coexistent au sein du système de défense de Benzema : Cormier s'entend très bien avec Djaziri, l'agent ; Jakubowicz est proche de la famille Benzema. Ce système miné de l'intérieur, morcelé, alors qu'éclate une affaire de cette dimension, est placé en position de faiblesse.

Au sein de la famille Benzema elle-même, les tensions s'accumulent. Depuis la révélation du rôle supposé de Karim dans l'affaire de la sextape, Hafid fulmine. Comment son fils a-t-il pu se mettre dans cette galère ? Qui le conseille ? Qui l'entoure, le protège ? La volonté affichée de la famille, dans la troisième semaine de novembre, est de maîtriser de nouveau la destinée de Karim Benzema. Ses frères, beaux-frères, se mobilisent. Sous l'autorité de

Hafid, Hicham, beau-frère de Karim, membre éminent de la famille, réfléchit à un nouveau cadre pour entourer l'international. L'agent du joueur depuis plus de dix ans, Karim Djaziri, cristallise leurs interrogations. Jusque-là, Benzema s'en est toujours sorti lorsqu'il a traversé une zone de turbulences médiatiques ou judiciaires, mais la famille se demande pourquoi éclatent ces affaires. Le fils si talentueux a-t-il subi de mauvaises influences ?

Face au scandale, Hafid joue son rôle de figure tutélaire. Il s'agit de ramener le fils égaré dans le giron familial. Si Karim s'en relève, ce sera nécessairement avec l'aide de son premier cercle. Un déjeuner est donc organisé avec un manager d'entreprise susceptible de donner de judicieux conseils. Cette initiative paternelle est appuyée par le conseiller image de Benzema, Yassine. Par le biais de son entreprise spécialisée dans la communication, Yassine travaille depuis cinq ans avec le joueur. Il s'occupe notamment de ses réseaux sociaux, Instagram, Facebook et Twitter, de ses photos, vidéos. Sa proximité avec Benzema est telle qu'il traite en direct avec lui, même s'il dispose de moins de « poids » que Djaziri. Il n'hésite pas à se déplacer à Madrid pour conseiller son client. À la fin de l'année 2015, il se réjouit d'accompagner Benzema lors d'un déplacement à Dubaï et de disposer du temps nécessaire pour lui parler longuement. Les relations de business de Yassine et de Karim Benzema sont transparentes. Yassine est payé sur facture, un contrat le liant à la société du joueur pour la communication et l'apport d'éventuels sponsors supplémentaires.

Yassine, homme dynamique au verbe facile, aime agir, ne pas subir, prendre des initiatives. Mais il n'est pas seul. Il doit composer avec l'inamovible agent. Yassine d'un côté, Karim Djaziri de l'autre. Les deux hommes ne « travaillent pas ensemble » selon les termes de l'un d'entre eux. Au mieux, une paix armée qui dessine un autre faisceau de tensions dans le camp Benzema. Yassine aimerait redorer l'image du joueur : il est doué pour ça, c'est le cœur de son métier. Il souhaite l'aider à évoluer, à s'autonomiser. Il estime que Benzema ne parle pas assez. Djaziri, lui, est un jusqu'au-boutiste du contrôle, milite pour le silence à l'exception d'une seule prise de parole, spectaculaire. Il entend gérer la communication, l'une de ses spécialités. D'où une intense rivalité entre les deux hommes.

Avant l'été 2015, une rumeur insistante nous parvient, selon laquelle des tiraillements sont apparus entre Benzema et Djaziri. Certaines sources font état d'une simple brouille conjoncturelle, une autre annonce une séparation imminente. Mais Djaziri est inextricablement lié au joueur, dont il est l'agent depuis qu'il a pris la succession de Frédéric Guerra, il y a plus de dix ans. Il a aussi beaucoup soutenu et aidé la famille au quotidien, rendu des services amicaux, s'est occupé des enfants. Un agent sous contrat avec un footballeur empoche entre 5 et 10 % des sommes perçues par le joueur, mais les deux hommes sont unis par bien plus que des relations contractuelles et financières.

Pour Benzema, Djaziri n'est pas qu'un agent. Les joueurs, surtout ceux appartenant à l'élite mondiale, à la fois exigeants et hyper-sollicités, maniant des sommes folles, sont extrêmement proches de leur agent. Sinon, ils en changent… Ils le considèrent comme un ami, un confident, un homme à tout faire, un assistant, un secrétaire particulier, parfois même une nurse, tant ces stars couvées depuis l'adolescence ne connaissent pas la vraie vie. Au-delà du cas Benzema, encore en activité, les joueurs de foot vivent une petite mort quand ils mettent fin à leur carrière. Non seulement parce qu'ils sont orphelins de la compétition, de la starification, de l'adrénaline, des victoires, mais aussi – surtout – parce qu'ils doivent vivre normalement. Même s'ils ont placé leur argent, ils ne bénéficient plus de l'encadrement permanent du club, de l'aide fournie par un agent qui des années durant s'est ingénié à leur simplifier l'existence, jusqu'à devenir un véritable père de substitution. Nombreux sont les exemples d'anciens joueurs qui doivent apprendre des gestes de la vie quotidienne jamais pratiqués jusqu'alors. Entrés jeunes en centre de formation, ils sont couvés jusqu'à leur « retraite ». Certains agents remplissent parfaitement ce rôle, organisant la carrière de leur poulain sans le priver de son autonomie ; d'autres placent le joueur sous tutelle, créant une bulle protectrice qui coupe les sportifs du monde extérieur, les rend, de manière illusoire, invincibles et, paradoxalement, peut précipiter leur chute.

Surprotégés et déconnectés, ils estiment être à l'abri de tout, dans la citadelle inexpugnable de leur vedettariat. Souvent, lorsqu'ils sont contrôlés sans permis ou entendus dans des affaires, ils se montrent arrogants avec les policiers, brandissent leur salaire, leur nom. Ils perdent pied, « pètent les plombs ». Le monde de la nuit les attire dans ses filets. Des entremetteurs leur promettent des filles, tarifées ou non, les boîtes de nuit se les disputent comme des stars de cinéma. L'entourage se compose aussi de personnes intéressées, de parasites attirés par l'argent facile. Ils proposent sans cesse de bonnes affaires, des bons plans en tous genres. Ceux qui cèdent à ces sollicitations sont alors redevables et mettent le pied dans un engrenage qui les dépasse.

À leur décharge, il y a de quoi avoir le tournis. La vie rêvée des joueurs dépasse l'entendement. Les grandes stars possèdent ou louent des jets privés, certaines partent en virée après l'entraînement pour revenir le lendemain matin à l'aube. Drôle d'hygiène de vie… « Si vous saviez ce que je fais pour mes joueurs… », nous glisse mystérieusement un agent renommé, qui n'est pas Djaziri.

Ce dernier, hâbleur et séducteur, au visage très expressif, est bien plus qu'un négociateur de contrats. La relation entre Djaziri et Benzema est unique, car l'agent s'occupe quasiment en permanence de l'attaquant. Pas tout à fait quand même : au fil des années, Djaziri conseille Frédéric Piquionne, Gabriel Obertan, Jean-Claude Darcheville… En 2014, il est gérant de la société de conseils pour les affaires et de gestion BK2 Consulting, une SARL dont le chiffre d'affaires s'élève à plus de 4,5 millions d'euros. Une dépendance mutuelle s'est instaurée. Djaziri a très intelligemment développé son business. Il multiplie les initiatives, les projets, notamment dans l'audiovisuel, un domaine qui l'attire. Homme de réseaux possédant un véritable esprit entrepreneurial, il défend bec et ongles Benzema. Il discute âprement les contrats, prospecte les sponsors. Il n'hésite pas à téléphoner en permanence aux journalistes, à se mêler de tout, à user de son bagout. Il parle, beaucoup et bien, tente d'influencer. À la Fédération française de football, l'on est familier des appels de Djaziri. Sollicité au moment de la rédaction de ce livre, il répond, tout en refusant les demandes d'interviews avec son joueur. Il rencontre toutefois l'éditeur. Il indique que Karim Benzema lui-même réfléchit à son autobiographie, mais juge qu'il est trop tôt. Un journaliste est quand même approché par Djaziri pour éventuellement réaliser cette autobiographie. Le projet capote au cours de l'été. Djaziri tente de gagner du temps. Il promet – et tient parole – de nous bloquer l'accès aux sources institutionnelles, à l'OL ou chez les Bleus. Il nous met en garde : « Vous pouvez rencontrer des gens qui disent n'importe quoi. » *In fine*, il décide de nous empêcher d'accéder à Karim Benzema, au grand désespoir d'autres proches du joueur.

Au moment où débute l'affaire Valbuena, Djaziri répond plus facilement à nos questions. Il distille des informations, raconte certaines anecdotes. Il sent qu'il lui faut lâcher du lest pour éviter la mise au pilori médiatique de « son » joueur. Puis, à partir du 20 novembre, il se fait de nouveau plus discret. Il se prétend dans l'« impossibilité de répondre » à nos questions, avant de nous recontacter le 6 décembre. Il éclaircit certaines de nos interrogations et, très remonté, promet des rebondissements sur l'affaire de la sextape. En fait, si Djaziri se montre soudain plus coopératif, c'est sans doute parce que le bras de fer qui se déroule au sein du premier cercle de Benzema l'a inquiété. La famille, très déterminée, a-t-elle songé à tirer un trait sur l'entourage amical et sur le réseau d'affaires de Karim ? Un proche va plus loin : « Il faudrait aussi que Karim prenne de vraies décisions par et pour lui-même. » Le jeune homme, déstructuré, le peut-il ? Le veut-il ?

Pour le moment, ce 28 novembre, lors de la réunion, Karim Benzema souhaite resserrer les liens. Depuis Madrid, il écoute beaucoup, intervient quand il le faut. Le meeting lyonnais doit tracer les contours d'une nouvelle donne. Il le sait. Le principal protagoniste de la reconquête de l'opinion, qui doit s'enclencher à partir de cette assemblée générale extraordinaire, ne peut être que lui. Certains membres de la famille songent alors, sans formaliser auprès de l'intéressé leur intention, à écarter Djaziri. À circonscrire son influence. Ils estiment qu'éclatent trop d'affaires, que l'avant-centre se trouve souvent au cœur d'un maelström qui le dépasse. Le rôle d'un agent n'est-il pas d'anticiper, d'écarter le joueur des spirales négatives, des parasites néfastes ?

Grâce à son sens tactique, son activité inlassable, sa légitimité historique aussi, Karim Djaziri, pourtant en potentielle disgrâce, garde ce jour-là sa place au sein du premier cercle. Présent lors de la réunion, il se tire d'une situation compliquée grâce notamment à ses liens avec Hafid. Les débats sont tendus. Me Jakubowicz s'impatiente même à un moment donné. Les revirements incessants doivent s'arrêter. Finalement, les grandes décisions stratégiques sont actées. Benzema doit parler. Il faut reprendre la main. Sinon, le silence risque de s'apparenter à un aveu, alors que les révélations quotidiennes dans les médias fragilisent sa position. Ses avocats livrent bataille sur les plateaux de télévision ou dans les studios radio, mais parviennent difficilement à enrayer la charge et s'extirper de la tempête judiciaire.

L'affaire de la sextape comporte bien entendu des risques judiciaires pour Karim Benzema, mais également sportifs. La famille redoute-t-elle une possible chute ? Rafael Benitez, encore entraîneur du Real Madrid, ne lâche pas son joueur. Inébranlable, il assène ses certitudes en conférence de presse, d'un ton qui ne souffre aucune contestation : « Je soutiens Karim en tant que personne et je suis enchanté de Karim comme footballeur. Je considère que c'est un joueur fondamental pour nous. Au niveau personnel […] c'est un garçon sensationnel. Il a tout notre soutien. Et, au niveau footballistique, c'est un joueur de base pour nous parce que c'est notre joueur de référence devant. Il nous apporte de la qualité et il permet à ceux qui jouent autour de lui d'être encore meilleurs. »

Selon les journaux espagnols *Sport* et *As*, le président Florentino Pérez, artisan de la venue de Benzema au

Real Madrid en 2009, adopte une attitude beaucoup plus évasive. Devant les journalistes, il invoque le « droit à la présomption d'innocence ». En réalité, il envisagerait d'écrire l'avenir du Real sans Benzema. L'attaquant pourrait être licencié s'il était reconnu coupable. En privé, toujours selon une partie de la presse espagnole, Pérez aurait ainsi clairement annoncé à Benzema son intention de se séparer de lui en cas de condamnation. Une information formellement démentie par Karim Djaziri. Même tonalité chez Frédéric Hermel, journaliste français installé en Espagne, correspondant de *L'Équipe*, *France Football* et RMC. « Pérez aime beaucoup Benzema, nous indique-t-il le 8 décembre 2015. Il le soutient et même ses nombreux opposants trouvent cela normal. Barcelone aussi soutient ses grands joueurs mis en examen, à l'image de Messi. C'est une attitude tout à fait normale en Espagne, où il serait impossible d'agir différemment. Le Real avisera en revanche si Benzema est condamné[1]... »

Le Real, club qui ne supporte pas la moindre entorse à sa réputation, connaît un début de saison 2015-2016 agité et ne peut se permettre de multiplier les zones de turbulences. Cependant, pas question de prendre des décisions hâtives. Cristiano Ronaldo, la star portugaise de l'équipe, adore évoluer aux côtés de Benzema qui lui délivre des passes décisives et n'empiète pas sur ses prérogatives. Et puis, si Benzema s'en va, par qui le remplacer ? Peut-être par Robert Lewandowski, l'attaquant

---

1. Entretien avec les auteurs.

polonais du Bayern Munich, mais il faudrait dépenser près de 100 millions d'euros...

Une autre menace se profile, liée à l'équipe de France. Dans les derniers jours du mois de novembre, une information parvient à la Fédération française de football (FFF). Un proche de Didier Deschamps fait passer le message : pour la première fois, le sélectionneur envisage un Euro sans Benzema. Il « chemine » vers la compétition, selon le mot employé alors, en intégrant la possible – probable – absence du buteur. Il sait que le Madrilène représente son meilleur atout offensif, mais se rend compte que l'épreuve judiciaire va se prolonger, que le fossé entre Mathieu Valbuena, très souvent titulaire, et Karim Benzema se creuse irrémédiablement. S'il ne cède jamais à la pression populaire ou médiatique, Deschamps perçoit l'hostilité d'une bonne partie du public français envers Karim Benzema.

À Lyon, les proches de Benzema n'ignorent pas l'inflexion du sélectionneur. Grâce notamment aux relais de Djaziri et à ses contacts avec des décideurs du football français, des représentants des médias, des dirigeants, la famille Benzema sent aussi que la Fédération française pourrait bientôt se distancier. Si Noël Le Graët, son président, ne se laisse jamais dicter sa conduite par les médias, les politiques ou les lobbys financiers, il est conscient que les sponsors, partenaires incontournables, méritent une certaine écoute. Or, en cette dernière semaine de novembre, certains s'interrogent ouvertement.

Coca-Cola, marque de boissons partenaire de la Fédération française et de l'Euro 2016, doit commercialiser le 12 décembre onze bouteilles à l'effigie des joueurs de l'équipe de France. Huit de Coca-Cola classique, trois de Coca Zéro. Carrefour se réjouit de vendre ces bouteilles à l'unité. Karim Benzema et Mathieu Valbuena font partie du package. Ils se retrouvent même tout près l'un de l'autre dans le coffret vendu en avant-première à soixante exemplaires chez Colette, un magasin chic de Paris, au prix de 50 euros. Malgré le traumatisme de Knysna, en Afrique du Sud, lors de la Coupe du monde 2010, les sponsors n'ont pas abandonné les Bleus. Ils ont obtenu un dédommagement financier octroyé par la Fédération. Mieux : entre 2010 et 2014, le montant des contrats a progressé. Pour la période 2014-2018, les douze partenaires apportent dans l'escarcelle environ 34 millions d'euros annuels. L'équipementier Nike verse à lui seul 42,6 millions d'euros par an jusqu'en 2018. Mais, désormais, certains sponsors bénéficient de garanties. La charte éthique, ou de bonne conduite, édictée par Didier Deschamps après sa nomination, les obsède.

Entrée en vigueur en 2013, cette charte constitue la troisième du genre depuis 2008 et stipule les dix-sept points à respecter, dont : « Être professionnel et exemplaire en toutes circonstances et en tous lieux. » Avec plus ou moins de bonne volonté, puisque certains la transfèrent à leurs avocats pour qu'ils la dissèquent. Selon nos informations, Karim Benzema a tardé avant d'aposer sa signature. Il a vraiment rechigné, mais a fini par céder. La charte serait purement et simplement indexée à certains des contrats de sponsoring. La moindre entorse à ce code moral engendrerait des pénalités. De plus, les montants versés par les sponsors tiennent désormais compte des résultats, mais aussi de l'image des Bleus dans l'opinion. Après la révélation de l'affaire de la sextape, Coca-Cola aurait décidé de surseoir – au moins momentanément – à la commercialisation de milliers de bouteilles destinées à une opération ultérieure en grande distribution. Le temps de « déprogrammer » Benzema, certainement.

Le 9 décembre, Noël Le Graët réunit les sponsors au siège de la FFF, juste avant de s'exprimer publiquement. Il les rassure, en compagnie de Didier Deschamps et de Florence Hardouin, numéro 2 de la Fédération. Le pire semble évité. Les partenaires, parmi lesquels des patrons du Cac 40, ne remettent pas en cause leur engagement.

Pour se préserver d'une affaire qui risque de l'entacher, la FFF va plus loin. Le 27 novembre, juste après un entretien accordé par Valbuena au *Monde*, nouveau rebondissement en défaveur de Karim Benzema : la FFF annonce qu'elle se porte partie civile. Jusque-là, les diverses composantes des instances du football français avaient gardé un silence assourdissant. Lors du rassemblement des Bleus, Didier Deschamps fuit les questions sur le sujet... Pour pouvoir se porter partie civile, la FFF affirme qu'elle risque un préjudice en termes d'image et au niveau de son attractivité vis-à-vis des sponsors. Si ses avocats accédaient au dossier, ils pourraient alors conseiller la présidence sur la marche à suivre. Quelle tactique adopter ? La FFF a également la possibilité de convoquer Benzema devant la commission de discipline qui ouvrirait une procédure à son encontre. Après tout, c'est à Clairefontaine, là où les Bleus se rassemblent, que s'est déroulée la fameuse conversation Benzema-Valbuena... Mais l'enquête interne risque de heurter frontalement le travail de la justice. Faut-il prononcer une suspension conservatoire de Benzema d'une durée précise, par exemple jusqu'à l'Euro ? L'idée est évoquée mais vite rejetée par les services juridiques de la FFF. Alors, dans son communiqué, la Fédération garde le spectre ouvert. Elle se « réserve le droit, en fonction de l'évolution du dossier, de prendre toutes les mesures adaptées à la situation ». Le Graët, comme à son habitude, prend le temps d'analyser, de « digérer », de discuter avec son entourage. Il sait que Deschamps attendra une annonce officielle de sa part avant de se prononcer publiquement.

Le 27, veille de la réunion lyonnaise, la détermination de la famille est donc renforcée lorsqu'elle apprend la décision de la FFF. Plus que jamais, Benzema doit tenter d'inverser la tendance, indiquer haut et fort qu'il n'a pas renoncé à réintégrer les Bleus, car il n'est pas coupable. Le joueur n'entend pas rater l'Euro 2016, disputé en France. De l'aveu d'un proche, il ne peut pas s'y résoudre. Fragilisé, il s'en remet à celui qui le connaît, le suit, le comprend, le soutient depuis longtemps : Karim Djaziri. Ce samedi matin 28 novembre à Lyon, la contre-attaque s'organise.

Plus que jamais, il faut réfléchir à une communication de crise efficace. Mais vers qui se tourner ?

2.

… et contre-attaque générale

Une voix calme. Trop calme. Celle d'un journaliste d'expérience sur la piste d'un scoop, qui tente de masquer sa fébrilité. Ce lundi 30 novembre 2015, Frédéric Calenge reprend contact avec Karim Djaziri, comme presque tous les jours. Il tente d'obtenir l'interview exclusive de Karim Benzema. Il représente TF1, la chaîne « officielle » des Bleus, et bénéficie à titre personnel de la confiance de la plupart des internationaux. Le « coup » médiatique de la fin 2015 lui est destiné, sinon promis. Il ne lâche pas Djaziri. Il veut savoir si Benzema a décidé – enfin – de s'exprimer. L'agent, qui décroche instantanément, réplique : « Pas pour le moment, je tente toujours de convaincre Karim de parler. » Djaziri, toujours mystérieux, ménage le suspense. Il entend gérer le timing au millimètre.

Quelques heures plus tard, changement de ton : « J'ai eu Karim, il veut communiquer et c'est à toi qu'il va parler. Désormais, il est temps. Viens demain à Madrid. »

Benzema ne peut pas se déplacer à Paris et, de toute façon, il préfère une interview enregistrée. Il peut davantage maîtriser son discours et éviter le stress lié au direct. Seules conditions imposées par les avocats du joueur et relayées par Djaziri : Calenge s'engage à ne pas poser deux questions à Benzema : « Avez-vous vu la sextape ? » et : « Depuis quand aviez-vous entendu parler de l'affaire ? » Djaziri se justifie : « Ça, c'est pour la justice. » Benzema est contraint au silence sur le fond de l'affaire par la défense de ses avocats, qui ne cessent de vilipender les fuites à destination des médias. Pas question pour eux de prêter le flanc à semblable critique.

Karim Benzema, plongé dans l'affaire de la sextape, suscite les convoitises. Sa parole est d'or. Surtout en temps de crise. Des dizaines de médias sollicitent son agent, d'autres se tournent vers Yassine.

Frédéric Calenge, né en 1978, formé à l'École supérieure de journalisme (ESJ) de Paris, a pigé à Infosport et *Libération*, avant de se tourner vers TF1 en 2001. En 2009, il devient « homme de terrain » pour les rencontres de Ligue des champions et des Bleus. Un rôle stratégique. Il est chargé de recueillir les réactions du sélectionneur et des joueurs, colle à l'intimité du groupe et doit louvoyer entre deux impératifs : informer les téléspectateurs sans dévoiler d'infos mettant en péril l'équilibre du vestiaire. TF1 est l'incontournable diffuseur des Bleus, la chaîne partenaire. Discret et efficace, Calenge colle parfaitement à sa fonction. Il a interviewé plus de quarante fois Benzema, à Lyon, au Real, à Clairefontaine, après les matches en équipe de France. Une relation de confiance s'établit entre le reporter, le joueur et son agent, qui a obtenu carte blanche pour gérer la communication de crise.

Après la réunion du samedi 28 novembre à Lyon, Djaziri, qui s'est sorti d'une situation complexe et conserve son leadership, se sait attendu. La riposte doit être rapide. Un rôle pour un stratège, plus encore que pour un tacticien. L'art de la guerre version foot. Djaziri abat son va-tout. Il choisit TF1. Une audience record, un journaliste connu de Karim Benzema : tout le monde se met d'accord. Djaziri doit maintenant « coacher » le joueur, lui dispenser rapidement une séance improvisée de média-training. Dans ces cas-là, Benzema impose aussi ses vues ou à tout le moins fait part de ses souhaits.

De son côté, Calenge, désormais sûr de son scoop, prévient sa hiérarchie. Une interview obtenue en début de semaine ne peut pas tenir jusqu'au « Téléfoot » dominical. Trop risqué. La concurrence s'excite sur ce dossier brûlant. Les responsables des sports se mettent d'accord avec Gilles Bouleau, présentateur du 20 heures. Bouleau est évidemment preneur. Il diffusera donc les meilleurs extraits, les autres passages étant conservés jusqu'au dimanche. La Fédération n'intervient aucunement dans le « deal ». TF1 prévient la FFF uniquement « par politesse ».

Mardi 1er novembre, Calenge arrive tôt au centre d'entraînement de Valdebebas, d'où l'on aperçoit le Terminal 4 de l'aéroport de Madrid-Barajas, et assiste aux quinze premières minutes de la séance ouverte au public. Il file ensuite installer son matériel au salon des joueurs, une pièce au décor un peu sinistre, accompagné du chef de presse Juan Camilo Andrade, aussi zélé que surdiplômé. Ce jour-là, Benzema met prématurément un terme à son entraînement : il a repris depuis peu de temps et est ménagé. Au Real comme dans tous les grands clubs, la reprise des blessés fait l'objet d'un protocole très précis, discuté entre les techniciens et le staff médical. Benzema arrive donc tôt au rendez-vous, à 13 heures. Il tend la main à Calenge et s'installe. Il esquisse des sourires mais paraît surtout concentré, un peu ému même. Les deux cameramen sont prêts.

Djaziri assiste à l'enregistrement mais, selon un témoin, n'intervient pas. En revanche, un invité-surprise entre en scène : Rafael Benitez, l'entraîneur du Real. Il demande à Benzema de le rejoindre dans son bureau. L'entraîneur a lui aussi écourté la séance ce matin-là et anticipe un rendez-vous fixé avec le Français. Pas question de faire attendre Benitez… Benzema doit interrompre l'interview pour TF1 au bout de dix minutes. Le coach, qui se tient au courant de chaque développement de l'affaire, réitère son soutien à l'avant-centre, s'enquiert de son moral, de son état physique. Il lui parle de son travail et martèle les yeux dans les yeux sa conviction : Karim va inscrire deux buts le week-end suivant. Visionnaire, le coach… En effet, samedi 5 décembre, le Français est l'auteur d'un doublé lors de la victoire du Real en championnat face à Getafe (4-1). En plein doute sur le plan sportif après son naufrage à domicile lors du *clásico* face à Barcelone le 21 novembre (0-4), exclu à cause d'une erreur administrative de la Coupe du Roi, le Real se reprend à domicile. Lors de ce match, il applaudit les supporters qui lui réservent une standing ovation au moment de son remplacement...

Au bout de quinze minutes environ, Benzema sort du bureau de Benitez et retrouve Calenge qui patiente avec son équipe. Le tournage reprend pour les vingt minutes finales. Ensuite, le journaliste et le joueur dialoguent une demi-heure en « off ».

Calenge rentre à Paris, content de son joli coup. Pour un reporter du service des sports, fournir une telle « exclu » au 20 heures compte dans une carrière. TF1 monte l'entretien en deux parties. Le 20 heures choisit les extraits qu'il compte utiliser mercredi 2 décembre. Une méthode porteuse en termes d'audience, mais qui donne parfois un aspect très artificiel et peu rythmé à la discussion. Selon une source interne à la chaîne, Djaziri n'influence ni le montage ni le choix des extraits. « C'est une grosse machine TF1, nous explique-t-on. L'interview nous appartient. »

La diffusion des meilleurs moments est prévue pour le mercredi soir, mais l'opération déminage des Benzema se heurte de plein fouet à plusieurs obstacles. Sur Europe 1, ce mardi 1er décembre, le Premier ministre Manuel Valls déclare : « Un grand sportif doit être exemplaire. [...] S'il ne l'est pas, il n'a pas sa place en équipe de France. S'il y avait un ministre mis en examen, il ne serait plus au gouvernement. [...] D'une certaine manière, c'est pareil pour l'équipe de France. » Pour Manuel Valls, « tant de gamins des quartiers, de jeunes » se reconnaissent dans ces grands sportifs qu'ils ne doivent pas commettre de faux pas. Un responsable du football français ne se prive pas de déclarer, à la suite de l'intervention du Premier ministre, que « de toute façon, il n'a jamais aimé le Real Madrid, lui, le fan de Barcelone ».

Le lendemain, mercredi 2, invité lui aussi d'une matinale spéciale sur Europe 1, Nicolas Sarkozy réplique à Valls : « Je n'aime pas tous ces gens qui donnent des leçons d'exemplarité. » Et d'ajouter : « Je ne suis pas sélectionneur de l'équipe de France, monsieur Valls non plus. » Pour Nicolas Sarkozy, « on accuse, on dénonce, on démolit, on reproche ». Il prône la patience : « Tout le monde parle de choses qu'il ne connaît pas, couvertes par le secret de l'instruction. [...] Dans quinze jours il y aura d'autres éléments, on dénoncera, on reprochera, on crucifiera, et puis ça passera. C'est pas l'état de droit, pour moi. » Fidèle à son habitude, l'ancien président de la République dénonce l'acharnement médiatique, la justice spectacle.

Un sportif, le nageur Camille Lacourt, livre lui aussi son opinion sur le Madrilène, en inaugurant sa statue de cire au musée Grévin : « Pour moi, il n'a plus sa place en équipe de France après toutes les erreurs qu'il a commises dans un temps trop bref. Il n'est pas apte à représenter la France. » Personne ne songe à lui rappeler qu'un autre grand sportif, Nikola Karabatic, a été mis en examen, puis reconnu coupable d'escroquerie et condamné à 10 000 euros d'amende en juillet 2015 dans une affaire de paris suspects. Il a fait appel de cette décision et a continué à porter le maillot de l'équipe de France.

Autre événement, de taille, qui contrarie le système de communication des Benzema : le travail de deux journalistes d'investigation du *Monde*, Gérard Davet et Fabrice Lhomme. Le 2, ils publient à 6 heures 38, sur le site Internet du quotidien, l'essentiel des déclarations de Benzema recueillies par la juge Nathalie Boutard lors de son interrogatoire de première comparution. C'est à l'issue de cet interrogatoire que Karim Benzema a été mis en examen. Me Alain Jakubowicz annonce immédiatement qu'il va déposer plainte. Il cherche à identifier la « taupe » qui, selon lui, alimente la presse. Sur le plateau de la « Nouvelle Édition », sur Canal +, Davet et Lhomme défendent leur travail. Ils expliquent que les journalistes ne sont pas tenus au secret de l'instruction. Mais, plus tard, le médiateur de leur propre journal, Franck Nouchi, dresse étonnamment un bilan… contrasté de leur travail. Du coup, Davet et Lhomme jouent en défense : « Initialement, nous avions envisagé de publier, sur Lemonde.fr, le procès-verbal de l'interrogatoire de Karim Benzema simultanément à la grande enquête sur cette affaire que nous publions […] dans *M, le magazine du Monde*. Mais, apprenant que Karim Benzema allait passer le 2 décembre sur TF1, nous avons voulu accélérer les choses en proposant à la direction de la rédaction de publier son PV dès le 2 décembre au matin. » Le médiateur estime qu'en « termes journalistiques », cela s'appelle « griller un confrère »... Et il déplore le manque de contextualisation de l'article.

Dans cette folle journée, des informations contradictoires circulent. La chaîne TF1, effectivement « grillée », va-t-elle renoncer à la diffusion de son interview, qui la place en porte-à-faux, car le contenu des propos de Benzema ne semble pas correspondre aux PV ? Finalement, les hésitations sont balayées. Dans le 20 heures, après le lancement de Gilles Bouleau, Benzema déclame sa vérité pendant sept minutes quarante-sept. Les premières images le montrent arrivant dans la salle d'interview au décor minimaliste. Les stores de la pièce ne sont pas tout à fait clos. En sweat-shirt, assis face à Calenge, pugnace mais pas agressif, le joueur dénonce l'« acharnement médiatique ». Mâchoires serrées, les yeux tantôt baissés, tantôt levés au ciel, parfois dardés dans ceux de son interlocuteur, il se livre : « Là on m'accuse, on me traîne dans la boue dans tous les sens comme si j'étais un criminel, ce sont des choses horribles. » Des mouvements de sa bouche, des inflexions traduisent ou trahissent son émotion. Il plaide la sincérité : « Je joue pas avec les caméras, je joue pas un jeu, moi. » Sur l'affaire Valbuena, il réplique : « C'est simple, j'entends qu'il y a une vidéo qui tourne sur lui, donc je viens le mettre au courant. [...] Je lui dis que je pouvais l'aider car j'ai un ami qui est à Lyon. Pour ce problème ou pour un autre, il pourrait gérer tout. » Benzema pense à Karim Zenati.

Il évoque sa conversation avec Valbuena. « Je lui dis que j'ai déjà eu affaire à des histoires comme ça et que j'ai prévenu la police. Il me dit qu'il a prévenu la police. [...] Donc après, que j'entende que j'ai fait du chantage, que je lui ai demandé de l'argent, ça me rend fou en fait. Parce que ça n'a rien à voir. Donc que mon ami aurait eu besoin d'argent, c'est n'importe quoi. Parce que, Dieu merci, je gagne bien ma vie et ça fait longtemps. [...] Et il dit que j'ai insisté. [...] Bien sûr, deux fois je lui ai dit. Je lui ai dit deux, trois fois, c'est vrai parce que mon ami est à Lyon et qu'il peut régler pas mal d'histoires. » Benzema ne renie pas son passé : « Mon entourage, j'en suis fier. Je viens d'un quartier, j'en suis fier. » Il s'en veut juste de propos tenus au téléphone : « La seule chose que je regrette dans tout ça, c'est quand au téléphone avec mon ami d'enfance, on a pris ça à la rigolade. [...] Un mot[1] comme ça, tous les joueurs peuvent le comprendre. Dans un vestiaire, on ne s'appelle pas "mon cher", on se dit pas mal de choses. » Pour le reste, il ne déroge pas à sa ligne de défense : « J'espère que l'affaire va bien se terminer, qu'on va tous être bien, [...] qu'on retourne tous en équipe de France pour gagner cet Euro. » Sa prestation déçoit nombre de téléspectateurs, car il n'apporte pas d'éléments concrets, et certains trouvent qu'il débite sans conviction un discours préfabriqué. Mais lui se félicite d'avoir repris pied dans le dossier. Et puis, il s'adresse davantage au juge qu'au grand public...

---

1. Le mot « tarlouze ».

Jeudi 3, face au déferlement médiatique, la Fédération française, critiquée pour son silence, tranche. Noël Le Graët tiendra une conférence de presse le 10, à l'issue du comité exécutif de la FFF. Il répondra à « toutes les questions d'actualité ». Le président sait l'opinion publique hostile au retour de l'attaquant en équipe de France. Selon un sondage exclusif de l'institut Elabe pour RMC et BFMTV, 82 % des personnes interrogées estiment que Benzema n'a plus sa place chez les Bleus. L'étude est menée sur Internet les 1er et 2 décembre auprès d'un échantillon de neuf cent vingt-quatre personnes représentatif de la population française âgée de dix-huit ans et plus.

Dimanche 6, la suite de l'entretien est diffusée sur « Téléfoot ». Benzema évoque les Bleus : « J'ai envie de gagner un titre avec mon pays. » Porter le maillot des Bleus a toujours constitué son objectif. Il souhaite rejouer avec Mathieu Valbuena : « La France a besoin de lui comme de moi. Je rêve de jouer l'Euro. » Il n'a pas peur et se sent épaulé. Il a « eu Didier Deschamps » par messages interposés. « Il est derrière moi, il me soutient. » En réalité, le dernier contact entre le sélectionneur et lui remonte à début novembre, après sa mise en examen. Si cela constitue un soutien, il est modéré... Benzema tente de convaincre, déterminé, visage grave : « Je me suis toujours battu, je continue. On essaie de détruire mon image. » Il relativise aussi, technique de communication habile pour ne pas dramatiser à outrance et paraître trop inquiet : « J'ai une petite fille qui grandit. Je suis serein, tranquille. » Après tout, des moments comme ceux-là « arrivent ».

À la suite de la diffusion de l'interview, le présentateur Christian Jeanpierre ouvre un débat intéressant, profitant de la présence sur le plateau de « Téléfoot » des anciens joueurs Frank Leboeuf, champion du monde 1998, et Djibril Cissé, lui aussi ancien international. Cissé a été entendu comme témoin au début de l'affaire de la sextape. Leboeuf, qui ne pratique jamais la langue de bois, juge le Madrilène : « Il y a une vrai sincérité chez Karim Benzema. Il n'a pas réalisé l'implication judiciaire de ses paroles. Et puis, quand on s'appelle Benzema, on est victime d'un racisme ambiant. Il porterait un autre nom, on lui pardonnerait plus de choses. Lui, on le lui pardonne rien, comme à Nasri et Ben Arfa. Il y en a marre de cette exigence permanente d'exemplarité chez les footballeurs. Nos politiques qui se présentent aux élections, on leur met moins la pression. » Cissé milite pour une solution irréaliste : que Valbuena et Benzema s'enferment une heure dans une pièce pour se parler avant de rejouer ensemble.

Ce dimanche-là, après son match à la tête de l'équipe réserve du Real, Zinedine Zidane, conscient du danger, réitère son soutien à Benzema. Il sait qu'une suspension éventuelle du joueur chez les Bleus, susceptible de le fragiliser, pourrait porter également préjudice au Real : « On va attendre jeudi prochain, ce que Noël Le Graët, président de la FFF, va dire. J'espère pour l'équipe de France et pour le joueur que ce ne soit pas cette décision d'une suspension qui soit prise. Un joueur comme Benzema, c'est un joueur important de l'équipe. Il peut apporter beaucoup de choses et je ne regarde que l'aspect sportif. J'espère qu'on regardera que cet aspect-là et que son affaire personnelle se règlera rapidement, c'est le plus important[1]. »

Du côté clan Benzema, deux attitudes coexistent, s'entremêlent parfois. La combativité, toujours. Sortir Karim de là, lutter sur tous les terrains. Mais, parfois aussi, une certaine lassitude. Le joueur estime avoir toujours rempli son contrat chez les Bleus, avoir donné son maximum en tout cas. L'un de ses proches évoque à demi-mot l'ombre d'un doute : « Et si, de lui-même, Karim arrêtait les Bleus ? S'il demandait à Didier Deschamps de ne plus être sélectionné, car il sent que certains ne l'aiment pas, qu'il est toujours critiqué comme après la Coupe du monde, et ce quoi qu'il fasse[2] ? » Une hypothèse cependant peu probable. Benzema, qui conserve un calme apparent, vit mal la situation. Il est jeté en pâture aux médias, ne supporte pas l'image qui est renvoyée de lui, celle d'un coupable avant d'être jugé. « Il est touché », explique son entourage.

Touché, mais combatif. Dans la foulée, ses deux avocats écrivent au juge en charge du dossier. Ils déposent sur son bureau une lettre lui demandant d'organiser une confrontation entre Benzema et Valbuena. Une information révélée en exclusivité par les auteurs de ce livre. « On

---

1. Déclaration de Zidane devant les médias, le 6 décembre 2015.
2. Entretien avec les auteurs.

verra si, face à Karim, les yeux dans les yeux, Mathieu maintient ses affirmations », affirme un proche du joueur. « Il y a deux versions de leur conversation, nous explique le 7 décembre Me Cormier. Sur le ressenti, c'est très différent. L'un dit que ce n'est pas gratuit, l'autre que c'est pour dépanner. En les confrontant, on pourra crever l'abcès. » Si des explications naissaient de cette éventuelle confrontation, les avocats de Benzema pourraient utiliser ce levier et demander la levée du contrôle judiciaire. Et permettre ainsi aux deux joueurs d'être retenus ensemble par Deschamps pour un match de l'équipe de France. Mais la juge Nathalie Boutard, depuis son bureau situé au troisième étage du tribunal de grande instance de Versailles, refuse la demande de confrontation le 22 décembre, une décision communiquée lundi 4 janvier 2016 par le parquet de Versailles. Elle estime, selon Me Jakubowicz, que les positions de chacun sont d'ores et déjà figées. Un coup dur pour la défense de Benzema. Décidément, le temps judiciaire ne semble pas favorable au joueur. Me Jakubowicz considère qu'il s'agit d'un non-événement et se réserve le droit de faire ultérieurement une demande de levée ou d'assouplissement du contrôle judiciaire. Cette levée peut être ordonnée par la juge, soit d'office, soit sur les réquisitions du procureur, soit sur demande de l'avocat de Benzema.

En attendant, l'attaquant brille sur les terrains avec le Real. Mardi 8 décembre 2015, il réussit un triplé en Ligue des champions devant Malmö (8-0), alors que Cristiano

Ronaldo réalise de son côté un quadruplé. Il tente d'inverser à corps perdu le cours des événements et d'influencer Noël Le Graët. Après le succès du Real, Benzema se présente face aux nombreux journalistes présents dans l'enceinte du stade Bernabéu. Il lance, à propos de la conférence de presse de Le Graët : « On verra. Moi, je me concentre sur mon club. Après, il y a une justice et il faudrait attendre la justice avant de faire quoi que ce soit. Mais cela regarde le président et la Fédération. [...] Les histoires, depuis tout petit j'en ai. Je ne me focalise que sur mon football. » Relancé par les médias, il s'adresse ensuite à sa famille d'accueil, le Real : « Je sens que le club a confiance en moi, que mes coéquipiers aussi. Je joue pour les gens que j'aime. » Il enchaîne : « Le Real, c'est une équipe qui ne te lâche pas, ils sont tous derrière moi. À commencer par le président. » Florentino Pérez, bien entendu, mais aussi Zinedine Zidane : « Zizou, je n'ai pas attendu cette déclaration pour savoir qu'il me soutenait. » Benzema considère Zidane comme son « grand frère », des termes soigneusement choisis par celui qui utilise volontiers la terminologie familiale.

En France, la même unanimité ne règne pas, ou alors dans une dynamique diamétralement opposée. Frédéric Thiriez, président de la Ligue de football professionnel, adresse une tribune au site Internet du *Figaro* : « Porter le maillot bleu n'est pas quelque chose d'ordinaire. L'exemplarité, si l'on veut reconquérir les cœurs, doit l'emporter même sur la performance. » Il écrit encore : « La seule réponse convenable est la fermeté, même si elle peut paraître sévère, voire injuste. L'équipe de France, depuis dix ans, est régulièrement secouée par des affaires qui nourrissent un désamour croissant de nos compatriotes pour ceux qui défendent nos couleurs. Stop[1] ! »

Noël Le Graët a donné rendez-vous à la France du football à 16 heures, jeudi 10 décembre. Le président a soigneusement mûri son intervention. Il a arrêté sa décision une semaine auparavant et décidé d'axer son discours sur la défense de l'éthique. Il va s'appuyer sur la charte. Un point crucial, déterminant par rapport à l'opinion publique et à la grande famille du football qu'il doit aussi rassembler. Deux jours après son allocution se tient en effet l'assemblée fédérale. Alors que la FFF et la Ligue se déchirent déjà sur d'autres questions, Le Graët veut absolument éviter toute ligne de fracture au sujet de Benzema, notamment entre professionnels et amateurs. Il a acquis une certitude : il doit agir seul, en son nom. Une grande première. Bien sûr, des joueurs ont déjà été suspendus, mais par les instances et non par le « fait du président ». La liste inclut Nicolas Anelka, Patrice Evra, Franck Ribéry, Jérémy Toulalan en 2010, Samir Nasri et Jérémy Ménez en 2012, alors que Hatem Ben Arfa et Yann M'Vila avaient été de leur côté « rappelés à l'ordre ». Pour une virée nocturne et une sortie en boîte de nuit entre deux matches, en octobre 2012, les Espoirs

---

1. Frédéric Thiriez, « La France du football aussi est exaspérée », *Le Figaro*, 9 décembre 2015.

tricolores M'Vila, encore lui, Antoine Griezmann, Chris Mavinga, Mbaye Niang et Wissam Ben Yedder, ont été durement punis : presque quatorze mois de suspension, davantage encore pour M'Vila...

Cette fois, aucune commission ne s'est réunie, d'où l'attente impatiente des dizaines de journalistes installés dans l'auditorium de la FFF. Tout le comité exécutif emboîte le pas à Noël Le Graët qui entre par une porte latérale. Costume noir, cravate noire, chemise blanche, il monte seul sur l'estrade et, debout, quelques fiches en main, il commence par un « Merci ! » tonitruant. Pendant cinquante minutes, dont quinze de monologue liminaire, il va tenir en haleine l'assemblée. « Je suis flatté que vous soyez aussi nombreux, cela montre que le football est important. Je vais vous parler de l'affaire, ne vous inquiétez pas. J'espère qu'on va passer un bon moment. Surtout moi. »

L'« affaire ». Le terme est utilisé d'un ton presque badin, car « il faut bien l'appeler comme ça ». Le président dédramatise et regrette une surmédiatisation par rapport à la réalité des faits. Il relativise : « Il n'y a pas photo avec Knysna. » L'« affaire » est grave, certes, mais n'a selon lui « rien à voir » avec l'ampleur du traumatisme sud-africain qui a altéré l'image du football français. Dans son style inimitable de conteur breton, tantôt solennel, tantôt teinté de saillies humoristiques, il distribue bons et mauvais points. Deux Le Graët coexistent, avoue-t-il. « Il y a l'homme qui doit diriger la FFF, doit être juste et prendre position. La FFF ne peut pas gérer ses affaires comme un tribunal populaire. Ce serait indécent. Ni en se basant sur des pressions – pardon, j'enlève le terme – ni sur des analyses médiatiques. » Et puis, il y a le président fondamentalement respectueux de la présomption d'innocence, qui livre son avis sur les protagonistes de cette affaire : « Deux joueurs auxquels je suis très attaché, deux joueurs qui s'aimaient bien. » L'imparfait est effectivement de mise… « Valbuena est un joueur exceptionnel, qui n'était pas forcément titulaire il y a trois ans. En équipe de France, qui peut dire qu'il n'a pas été à la hauteur ? Trouvez-moi un match. Il est la victime. Il est estimé et a l'amitié totale de la FFF, le respect complet de Didier Deschamps. C'est une affaire qui le dépasse. » Il ne lui fait qu'un reproche, certes sur un ton ironique, mais tout de même : « Il a eu l'imprudence de laisser traîner son téléphone. Le mien, je le garde toujours sur moi. » Au tour de Benzema : « C'est vrai que lorsque je le vois à Clairefontaine, ou en équipe de France, je trouve qu'il est souvent maltraité. C'est un mec bien, né dans un quartier difficile. Il n'a pas changé de copains et ses copains n'ont pas beaucoup évolué alors que lui est devenu une star, un homme médiatisé. Il n'a pas une communication extraordinaire. Au Real, il est parfait dans ses matches, bien dans sa peau à Madrid. » Benzema n'est pas l'« instigateur » de l'affaire, selon le président de la FFF. Il conclut sa tirade : « J'ai un cœur. Sanctionner n'a jamais été ma tasse de thé. C'est une affaire compliquée, pas nette, pas claire. Je me suis fait un avis sur les écoutes[1] que vous avez publiées. Ce qui va vous étonner,

---

1. Il explique qu'il ne les a pas lues intégralement.

c'est que l'on n'est pas complètement partie civile. On a fait appel. La juge ne souhaite pas pour le moment nous confier le dossier qui n'est donc pas sur mon bureau. Mais la FFF ne peut pas être insensible aux écoutes. J'ai donc décidé – pas la commission de discipline, pas le comité d'éthique, c'est une décision du président – qu'aujourd'hui Benzema n'est plus sélectionnable. Si la situation n'évolue pas, il ne sera pas sélectionnable au mois de mars[1] ni aux mois de juin-juillet. À partir d'aujourd'hui, il ne l'est plus, sauf si le dossier évolue. »

Noël Le Graët a prévenu Didier Deschamps de sa décision. Il avoue : « On est dans l'embarras tous les deux. Didier est peiné de cette affaire. » Le Breton se sent « malheureux ». Il promet que la FFF ne bougera pas « pour un petit vent » de côté mais évoque un « crève-cœur ». Au-delà des écoutes, cependant, il y a eu l'interview de Valbuena au *Monde*, les articles de presse, la pression de l'opinion publique... Il devait agir. « Benzema est non sélectionnable car, au niveau de l'éthique, je ne peux pas laisser passer. [...] C'est la charte que je fais respecter, une charte qui n'empêche pas les joueurs de vivre. » La condamnation est morale. Il ajoute : « Benzema n'est pas banni de la FFF. » Pas banni, donc un espoir de retour subsiste. Le Madrilène est en quelque sorte suspendu... à une avancée du dossier, suspendu sous condition, à durée indéterminée.

---

1. Pays-Bas-France le 25 mars 2016, France-Russie au Stade de France le 29 mars.

Le Graët insiste sur sa seule responsabilité. Cela lui permet de commenter à loisir, de garder le contrôle et donc de ne pas insulter l'avenir, sa préoccupation majeure. Mais cette présidentialisation à l'extrême, hors cadre habituel, hors commissions, hors sanctions disciplinaires, possède son corollaire : Le Graët indique implicitement que cette subjectivité qu'il revendique, ce « facteur humain », peut aussi prévaloir, à son avis, du côté de la justice. Désormais, c'est à elle de jouer. Justement, l'ancien maire de Guingamp lui suggère d'être « compréhensive ». « Je souhaite que le juge aille plus vite », ajoute-t-il. Si le contrôle judiciaire était levé, Benzema redeviendrait-il sélectionnable ? Le Graët se tourne vers ses services juridiques : « Il n'est pas interdit de penser que ça suffit en termes de droit sportif. » Il y revient ensuite, preuve qu'il s'est penché très sérieusement sur cette éventualité, la seule *a priori* jouable en matière de timing, avec ses experts. La levée du contrôle « dépendrait des commissions », notamment de discipline. Elle ne mettrait pas un terme au dossier, mais, symboliquement, marquerait une avancée.

Devenant paternaliste, il adresse ensuite un message subliminal à Valbuena, dont il précise, comme si cela était nécessaire, qu'il est « sélectionnable » : « Il peut y avoir des coups très durs dans une famille, ou en amitié. Il faut savoir pardonner, le temps fera que les deux garçons trouveront la qualité intellectuelle suffisante pour bavarder. [...] Si le juge décide que le dossier est vide ou que Valbuena et lui redeviennent copains après les avoir confrontés, Benzema redevient sélectionnable. Si la justice autorise une rencontre des deux garçons, ce sera important. » Personnellement, il croit ce dossier aux trois quarts vide. Qu'en pense Valbuena, victime si peu populaire au sein du foot français ? Le Graët ne cesse de lui suggérer habilement, avec une once de machiavélisme ou de subtilité florentine, d'accomplir un pas vers Benzema. De se réconcilier, d'oublier peut-être, de tirer un trait au nom de l'intérêt supérieur du football français. Fondamentalement, il laisse une porte ouverte, car il pense que les médias, en publiant des parties du dossier, ont contribué à influencer l'opinion. Il dément avoir subi la pression du Premier ministre : « Manuel Valls aime le foot, il a même quitté un congrès du PS pour rejoindre Berlin[1]. La FFF a une délégation de pouvoir. » Mais Manuel Valls « ne se mêle pas » de gouvernance du football, selon Le Graët. Maître à bord du vaisseau FFF, Le Graët livre alors son sentiment profond : « J'aimerais bien que Didier Deschamps ait sa meilleure équipe pour l'avenir. » Et que les deux « garnements » soient en face de lui, se serrent la main, redeviennent « copains » et jouent.

Copain, Noël Le Graët ne l'est pas du tout avec Frédéric Thiriez, président de la Ligue, qui l'a irrité avec sa tribune sur le site du *Figaro* : « Je prétends que 100 % des journalistes considèrent que Thiriez n'y connaît rien en football. Et je ne discute qu'avec ceux qui connaissent le ballon. Qui a discuté de foot avec Thiriez ces derniers

---

1. Afin d'assister en 2015 à la finale de la Ligue des champions Juventus-Barcelone en compagnie de deux de ses enfants, grâce à un Falcon gouvernemental, ce qui a suscité une polémique.

temps[1] ? » Fin de la passe d'armes ? Non. Thiriez répond sous la forme d'un communiqué : « Je trouve dommage que le président [...] utilise à mon égard pour seul argument l'insulte. »

Dans l'ensemble, la décision de Le Graët est saluée. Patrick Kanner, ministre de la Ville, de la Jeunesse et des Sports, la considère « sage ». Karim Benzema réagit diplomatiquement sur Twitter : « Je respecte la décision et ai confiance en notre président, Noël Le Graët. » Alain Jakubowicz, l'un de ses deux avocats, prévenu par Le Graët, adopte globalement cette ligne dans son communiqué : « La décision du président de la FFF réserve et préserve l'avenir. Il n'a pas saisi la commission de discipline, ce qui montre bien qu'il a pris la vraie mesure de cette histoire. » Il assure que « Karim Benzema sera bien l'avant-centre de l'équipe de France à l'Euro, si ses performances sportives évidemment le permettent ».

Dans le clan Benzema, on s'attendait à cette décision, qui présente pour seul avantage de ne pas établir de temporalité précise. Son club ne s'y trompe pas : « Le Real regrette et respecte la décision prise par la FFF de suspendre temporairement Karim Benzema de l'équipe de France et réitère sa confiance en lui. »

Fort de la prise de parole de Le Graët, Deschamps s'exprime à l'issue du tirage au sort de l'Euro 2016, effectué samedi 12 décembre au palais des Congrès de Paris :

---

1. Propos tenus lors de sa conférence de presse du 10 décembre 2015.

« Je comprends et accepte sa décision. » Le lendemain, invité de « Téléfoot » sur TF1, le sélectionneur ajoute : « Le plus important, c'est l'institution, la Fédération, le président. Par rapport à l'éthique, la morale, c'est logique. » Lui aussi considère que l'affaire subit un traitement médiatique « excessif » et refuse de se prononcer sur la présence ou l'absence des protagonistes à l'Euro. « Je ne peux pas avoir de souhait, je suis pragmatique. » Il a bien envoyé un message à Benzema à la sortie de sa garde à vue avant qu'il ne regagne son domicile madrilène. Et, s'il n'a pas retenu Mathieu Valbuena pour les matches face à l'Allemagne et l'Angleterre les 13 et 17 novembre 2015, c'était « une manière de le protéger ». Deschamps et Valbuena ont discuté et le joueur a été « bien obligé » de l'accepter. « C'était un choix humain aussi. J'étais convaincu que ce n'était pas une bonne chose pour lui de se retrouver en équipe de France. Mathieu, même si je le connais bien, a traversé des moments pénibles pour lui et sa famille. Il est dans une situation où il est victime, il n'y a rien à lui reprocher, il a été sélectionné et reste sélectionnable. On ne peut pas placer Mathieu et Karim au même niveau. La situation sportive est sans souci pour lui, ce qui n'est pas le cas pour Karim Benzema[1]. »

Deschamps entend gagner du temps. Il donnera une liste pour les rencontres amicales face aux Pays-Bas et à la Russie en mars 2016, une autre en mai pour constituer son groupe en vue de l'Euro. Dans le monde du football, c'est

---

1. Déclaration de Didier Deschamps dans l'émission « Téléfoot », 13 décembre 2015.

une éternité. Karim Benzema déclaré non sélectionnable et rejetté par l'opinion publique, la contre-attaque menée par le système Benzema échoue à court terme. Mais, à moyen terme, l'avenir est préservé. Le camp Benzema espère un revirement, mise sur ses avocats. Benzema s'en sortira-t-il d'ici l'Euro ? En janvier 2016, cette idée paraît audacieuse, voire saugrenue. L'affaire est grave, complexe et ultra-médiatisée, mais les choses évoluent vite et les rebondissements sont nombreux.

Décidément, le système Benzema est loin d'être infaillible. Ce système, qui a largement contribué à son avènement, peut-il engendrer sa perte ? La famille, l'agent, Karim Djaziri, l'ami, Karim Zenati, sont trois pièces maîtresses d'un immuable puzzle. Le secret de ce système est de contenir en son sein tous les éléments nécessaires à l'équilibre professionnel de Karim Benzema, et de rester stable au fil des ans. Mais ce système, fort parce qu'il est sûr et resserré, possède une redoutable faiblesse : si un seul de ses éléments flanche, l'édifice entier menace de s'écrouler. Paradoxalement, le risque vient de l'intérieur. C'est un membre essentiel de ce système, l'ami intime, le pote de Bron, Karim Zenati, qui fait plonger Benzema dans la tourmente, même si les protagonistes de l'affaire demeurent bien entendu présumés innocents, jusqu'à preuve du contraire.

Comment juguler la menace ? L'affaire de la sextape incarne la faille que personne n'avait anticipée. L'essence même du dispositif que nous mettons en lumière dans ce livre est de préserver Karim Benzema. Mais comment protéger un système, jusque-là si efficace, malgré quelques accrocs, contre... lui-même ? Impossible.

Face au risque d'implosion, le salut ne peut venir que de l'extérieur. Une opération de grande ampleur s'enclenche avant la mi-janvier 2016. Le 9, Karim Benzema tweete le message suivant : « Première pour mon ami B. Génesio dans le nouveau stade de l'OL ! Bravo président JM Aulas pour toute votre œuvre depuis tant d'années ! » Ce jour-là, Lyon inaugure son nouveau stade, le « Parc OL », en battant largement Troyes (4-1) devant plus de cinquante-cinq mille spectateurs. Une satisfaction pour le nouvel entraîneur Bruno Genesio et pour le président Jean-Michel Aulas. Ce dernier répond à Benzema : « Merci KARIM et bravo pour le match d'hier avec Zizou... Si je peux t'aider on sera là pour toi... »

Dimanche 10, Aulas est invité du CFC, sur Canal +. Il confirme sa volonté de jouer les médiateurs entre Valbuena et Benzema. « Ce sont deux enfants de la maison. Karim, on l'a élevé. Mathieu est exceptionnel. Il montre une volonté de fer. Si je peux jouer un rôle pour permettre à l'équipe de France de bénéficier d'une accalmie. » Une accalmie ?

Au même moment, la mobilisation générale est déclarée. Valbuena lui-même émet un signal favorable dans l'émission « Téléfoot » du jour, sur TF1 : « Il n'y a pas eu meurtre, ça se traitera. Jusqu'à quand ? Je ne sais pas, mais ça ne m'importe plus. » Il revient sur son absence lors des rencontres amicales des Bleus en novembre 2015 : « Il y a eu de la colère parce que ce qui s'est passé était contre mon plein gré, j'étais victime et on m'a pénalisé deux fois. » Le dribbleur de poche se projette déjà vers l'Euro : « L'Euro, je ne me vois pas une seule seconde ne pas le faire. » Avec Benzema ? « Bien sûr, c'est possible. » Possible ? Valbuena sent-il qu'il doit accomplir un premier pas, autoriser verbalement un éventuel rapprochement, suivre la ligne Le Graët ?

Deux jours plus tard, dans *L'Équipe*, Didier Domat, l'avocat de Valbuena, affirme que son client « n'a jamais fait volte-face » : « Mathieu, pour qui l'équipe de France compte beaucoup, est assez intelligent pour mettre ses intérêts personnels derrière les intérêts de l'équipe de France. Si les circonstances le décidaient, il n'y aurait aucun problème pour qu'il se retrouve sur le terrain avec Karim Benzema. Cela a été dit dès son audition. »

La première demi-saison lyonnaise de Valbuena lui confère moins de garanties vis-à-vis du sélectionneur, même s'il n'a jamais déçu en Bleu. Des interrogations surgissent quant à son niveau actuel. Il ne subit pas directement de pression mais prend l'initiative de s'exprimer. Le 16 janvier, sous le sceau de l'anonymat, l'une de nos sources nous trace les contours du débat qui risque d'émerger sous peu : « Une idée commence à faire son chemin. Et si l'Euro se disputait avec les deux joueurs, Benzema et Valbuena, ou sans les deux ? » La présence de Valbuena serait alors conditionnée à celle du Madrilène... Soit une réconciliation sur la thématique du

« Grand Pardon » s'organise, soit les deux protagonistes de l'affaire seraient écartés pour ne pas qu'elle pollue le groupe France. Valbuena sacrifié, victime collatérale... Sent-il cette menace poindre ? Son agent, l'influent Jean-Pierre Bernès, proche de Didier Deschamps, le conseille-t-il en la matière ?

Les dirigeants du football envisagent alors sérieusement d'organiser, de planifier, la scène du « Grand Pardon ». Il faut pour cela être certain que le pouvoir politique ne s'y opposera pas.

Jeudi 15 janvier, lors de ses vœux à la presse, le président de la FFF distille à sa manière un message subliminal, sans s'exprimer sur l'affaire elle-même : « Dans la vie, je suis optimiste. Je suis Capricorne et donc relativement pragmatique. Les choses sérieuses finissent toujours par s'arranger. » Quelques jours plus tard, Noël Le Graët renchérit dans « L'Équipe enquête », sur L'Équipe 21 : « Cette affaire est navrante, elle nous gêne mais il y a de l'affection. Parce que j'aime bien Benzema, on a l'impression que je deviens quelqu'un de malhonnête. Il faut dire quoi ? À mort l'Arabe ? Qu'est-ce que c'est que tous ces gens qui m'écrivent pour me dire : "Benzema dehors" ? Certainement pas. Je gère cette affaire comme je l'entends. »

À tous les niveaux, l'offensive semble prête. Il s'agit de ballons d'essai, de sondes, correspondant aux désirs de certaines personnalités majeures du football. Elles savent que des joueurs titulaires en équipe de France s'inquiètent de l'absence possible de Benzema à l'Euro.

En janvier 2016, quelques cadres de Deschamps semblent se demander s'ils ne devraient pas s'exprimer publiquement pour, eux aussi, initier une mission de bons offices afin de « réconcilier » Benzema et Valbuena. Mais, pour le moment, la justice ne leur procure aucune marge de manœuvre.

Dimanche 17 janvier, Benzema réussit un doublé face à Gijón (5-1) en championnat, dont un but sur un splendide ciseau, tout en sortant à la soixante-cinquième minute en raison d'une douleur à la cheville. Lors de la conférence de presse d'après-match, Zidane se lance dans une tirade pro-Benzema : « La France ne peut pas se permettre de se passer d'un joueur comme Benzema. Quand on voit ses statistiques, quand on voit ce qu'il fait sur le terrain, forcément, on n'a pas envie de ne pas prendre un footballeur de ce niveau. Moi, en tous les cas, à Madrid, je pourrais difficilement me passer d'un joueur comme Karim car, en plus des buts qu'il marque, il est juste impressionnant et à tous les niveaux. Parce qu'il arrive à s'associer et à jouer avec tous ses partenaires et ça, ce n'est pas donné à tout le monde. » Un bel hommage pour le trois centième match de Benzema sous les couleurs madrilènes. Le voilà ce soir-là momentanément co-meilleur buteur de la Liga avec... Cristiano Ronaldo. Les deux stars adoubent Zidane qui redonne une âme à l'équipe. « Nous sommes tous avec lui », martèlent les joueurs.

Benzema ne réagit pas publiquement à ces différents signaux. La juge d'instruction travaille bien entendu en toute indépendance. Mais, en ces premières semaines de l'année 2016, l'attaquant du Real peut éventuellement songer que tout n'est pas perdu pour l'Euro. Que son système, qui le sert et le perd, bénéficie d'aides inespérées. Que le cauchemar s'estompera peut-être...

3.

Le début du cauchemar

Au printemps 2015, le ciel est bleu pour les deux protagonistes de l'affaire qui va secouer le football français. Le calme avant la tempête. Karim Benzema, le « meilleur de sa génération » d'après Zinedine Zidane, est le pilier des Bleus, alors que se profile l'Euro 2016. Son coéquipier, Mathieu Valbuena, trente et un ans, ignore de son côté qu'un piège va lui être tendu et coule des jours comblé. Le dribbleur de poche a lui aussi tout pour être heureux. Il y a six ans déjà, Matthieu a rencontré Fanny, une jeune femme ravissante qui lui apporte « tout le soutien et toute la sérénité nécessaires », selon ses propres termes. Le couple vit uni et amoureux. Valbuena s'apprête à retrouver la Ligue 1 en signant à Lyon. Il sait qu'il fait partie des cadres de Didier Deschamps et se réjouit de rentrer en France un an avant l'Euro.

Celui que l'on surnomme « Petit Vélo », réputé pour sa petite taille (un mètre soixante-sept), sa virtuosité, quelques plongeons polémiques, mais surtout une activité inlassable et une volonté de déstabiliser en permanence son adversaire direct, a franchi tous les obstacles. Atypique, passé par le National avant d'enchanter l'OM à partir de 2006, champion de France en 2010, meilleur passeur en 2012-2013, Mathieu Valbuena part au Dynamo Moscou pour une expérience décevante. Le retour en France s'annonce bien, mais Lyon va traverser une première partie de saison complexe marquée par le départ de l'entraîneur Hubert Fournier, remplacé par Bruno Genesio.

Autre ombre au tableau : les huissiers de justice ont récemment saisi l'un des véhicules de Valbuena, une Porsche Cayenne, dans sa résidence d'Aix-en-Provence. C'est le dénouement d'un conflit avec son agent historique, Christophe Hutteau. Après plusieurs années de relations sans tumulte, ils se sont séparés en 2014. Désireux de quitter l'OM, Mathieu Valbuena a changé de conseiller. Une rupture anticipée avec à la clé, selon Christophe Hutteau, une indemnité de 568 800 euros au titre du préjudice subi. Le tribunal de grande instance d'Aix-en-Provence a reconnu les torts du footballeur et l'a condamné finalement à payer la totalité de la somme à l'agent, augmentée des frais de justice, pour recouvrer la créance. La voiture de luxe a servi de premier gage. Tout a été versé à ce jour.

Rien n'a jamais été facile pour le « Petit », comme aimait le surnommer l'entraîneur Éric Gerets à Marseille. Valbuena s'est battu pour s'imposer face au scepticisme et aux sarcasmes du milieu du football. Il est devenu un joueur central des Bleus (cinquante-deux sélections, huit buts). Sous le maillot de l'OM, il a imposé le silence à ses détracteurs, avec notamment deux buts entrés dans la légende à Liverpool (2007) et à Dortmund (2011) en Ligue des champions. Avoir fait ses preuves ne l'a pas empêché de subir un retour houleux cette saison au Vélodrome sous le maillot lyonnais, accueilli notamment par un mannequin à son effigie pendu au bout d'une potence, accusé d'être un traître. « On ne m'a jamais fait de cadeau, je n'ai jamais rien eu dans la facilité », aime-t-il à répéter.

Un matin de mai, Valbuena reçoit un appel sur son portable. En ligne, son copain Djibril Cissé. Âgé alors de trente-trois ans, Cissé a décidé de jeter l'éponge et d'arrêter bientôt sa carrière. Il sort de plusieurs saisons compliquées en raison de problèmes physiques à répétition. Passé par Auxerre, Liverpool, Marseille, Sunderland, le Panathinaïkos, la Lazio, QPR, le Qatar, Krasnodar et Bastia, le natif d'Arles a connu une carrière riche en succès. Il a remporté notamment la Ligue des champions avec Liverpool en 2005. Sélectionné à quarante et une reprises avec les Bleus, la trajectoire de l'ancien Bastiais avec l'équipe de France est particulière. Appelé pour le Mondial 2002 à seulement vingt ans, victime d'une rupture des ligaments croisés du genou en 2006, Djibril Cissé n'a ensuite plus disputé la moindre compétition internationale jusqu'au Mondial 2010 et regrettera éternellement de ne pas être descendu du bus de Knysna...

Ce matin-là, Cissé parle à Valbuena avec son ton monocorde des mauvais jours. Mais ce n'est pas pour lui-même qu'il est inquiet. Il vient d'apprendre qu'une menace grave pèse sur son ami. Une vidéo intime circule. Il lui assure ne pas l'avoir vue. Ironie du sort, Cissé a lui-même déposé plainte pour tentative d'extorsion de fonds en 2008, après des menaces de chantage par téléphone lorsqu'il évoluait à l'Olympique de Marseille. Il avait indiqué avoir reçu plusieurs coups de fil d'un maître-chanteur lui réclamant une forte somme d'argent pour ne pas diffuser sur Internet une vidéo privée dans laquelle il apparaissait. Cette vidéo se trouvait sur un ordinateur portable dérobé lors d'un cambriolage.

Cissé raccroche... et rappelle Valbuena quelques jours plus tard. « Je l'ai vue, la vidéo, mais fais ce que tu veux, je sais que t'es costaud, si t'as prévenu ta famille, y a pas de souci. » Valbuena lui demande de qui il tient ces informations. Cissé reste flou. Valbuena, qui croit à une mauvaise farce, prévient sa compagne Fanny, ainsi que ses parents.

Plusieurs semaines s'écoulent et, au mois de juin 2015, alors que les Bleus se retrouvent pour préparer leurs deux matches amicaux à venir face à la Belgique et l'Albanie, Valbuena reçoit à nouveau plusieurs appels téléphoniques, mais cette fois directement des maîtres-chanteurs. L'un des coups de fil est un appel en numéro privé sur l'un de ses téléphones portables alors qu'il est en sélection à Clairefontaine. Il ne répond pas, mais la personne insiste, quatre ou cinq fois. Valbuena finit par décrocher. L'interlocuteur lui dit qu'il a une vidéo sur lui, le fait chanter et lui propose d'envoyer un homme de confiance à... Dubaï pour négocier ! Valbuena conserve son sang froid, son calme, et garde le maître-chanteur au téléphone pour rejoindre Momo, surnom donné au policier chargé de la sécurité des Bleus. Arrivé à ses côtés, il met le téléphone en mode haut-parleur et fait parler le maître-chanteur. Momo comprend tout de suite de quoi il s'agit. La PJ est rapidement saisie.

Les maîtres-chanteurs continuent d'appeler le joueur. Ils ignorent qu'ils sont désormais placés sur écoute. Mieux, Valbuena, qui a porté plainte – une information judiciaire est ouverte le 31 juillet –, leur indique de passer par un intermédiaire. Les maîtres-chanteurs tombent dans le panneau à pieds joints. En fait, l'intermédiaire est un grand flic, le commissaire Yann Bessette, patron de la brigade de répression du banditisme à la PJ de Versailles. Il se fait appeler « Lucas » et entre en contact avec les escrocs. Au téléphone, l'un d'eux propose un nouveau scénario délirant. Il demande à Lucas de se rendre de toute urgence à l'aéroport d'Alger, vêtu d'un maillot de l'OM, pour négocier. Il affirme que, faute d'un accord, la vidéo sortira quinze jours avant le début de l'Euro 2016. Lucas réclame une preuve de l'existence de la vidéo, sans succès.

Grâce aux écoutes téléphoniques, les policiers remontent vite le fil. Six longues conversations sont enregistrées entre Lucas et les malfaiteurs de juin à octobre 2015.

Les maîtres-chanteurs continuent de faire pression sur Valbuena *via* des SMS.

Dimanche 4 octobre au soir, vers 20 heures, veille du rassemblement des Bleus, Valbuena fait le point avec le directeur d'enquête. La PJ travaille depuis plus de trois mois sur le dossier et a bien avancé. Nous sommes à la veille d'un jour décisif. Le lendemain, Valbuena débute son stage avec l'équipe de France. Le policier le prévient. Quelqu'un va l'approcher.
À Clairefontaine, Karim Benzema tente une approche. Les deux joueurs ne trouvent pas le temps de dialoguer durant l'entraînement des Bleus préparatoire au match France-Arménie. Finalement, ils se voient le lendemain, dans la chambre de Benzema. Valbuena raconte la scène aux policiers, comme le révèle *Le Monde*. Benzema lui parle de la vidéo et lui propose de rencontrer un ami. Valbuena, méfiant, refuse, persuadé que ce fameux intermédiaire va lui demander de l'argent et le faire chanter. Il ira même plus loin en déclarant à la juge que, ce jour-là, Benzema lui a menti et lui a fait peur... Cependant, Benzema ne parle à aucun moment d'argent à Valbuena. Ils évoquent simplement tous les deux le précédent Cissé, qui a payé, lui...

L'enquête s'accélère. Huit jours plus tard, le 13 octobre, le scandale éclate au grand jour. Quatre personnes, parmi lesquelles Djibril Cissé, sont placées en garde à vue. L'ex-international est libéré dans la journée. Il se défend bien face aux policiers et révèle avoir lui-même reçu un appel d'un inconnu le prévenant de la manœuvre contre son ami Mathieu. Resté silencieux jusqu'alors, Valbuena publie le 19 octobre un message de soutien à Djibril Cissé sur sa page Facebook. L'ancien Auxerrois est rapidement disculpé.

Les trois autres personnes interpellées par la justice sont mises en examen pour « chantage et participation à une association de malfaiteurs » et placées en détention provisoire. Le 2 novembre, nouveau rebondissement judiciaire. La police place une quatrième personne en garde à vue dans le cadre de l'enquête : Karim Zenati. Selon les autorités, l'ami d'enfance de Karim Benzema aurait été sollicité par les maîtres-chanteurs supposés pour faire office d'intermédiaire et convaincre Benzema de parler avec Valbuena au sujet de la sextape. Contactée par nos soins, l'avocate de Karim Zenati, Me Katia Gabriel, du barreau de Lyon, n'a pas souhaité nous répondre, affirmant « ne pas vouloir communiquer pendant l'instruction judiciaire ».

Devant les enquêteurs de la PJ de Versailles, Karim Zenati n'en mène pas large. D'abord parce qu'il a un casier judiciaire chargé. Plusieurs années de prison au total pour divers vols et trafics. Ensuite, parce que Benzema est son « frère » – il le connaît depuis l'âge de quatre ans et vivait dans le même immeuble que lui – et que le footballeur risque d'être à son tour interrogé. Quand Zenati sort de prison en 2013, Benzema lui offre une nouvelle chance en le faisant travailler dans une structure, Best of Benzema, et une association, Partages 9, qui aide les enfants défavorisés à réaliser leurs rêves. Face aux enquêteurs, Zenati a la mine défaite, il vient de comprendre qu'il va sans doute entraîner son ami Benzema dans une tempête dont il pourrait ne pas sortir indemne.

4.

Un déjeuner à Madrid

L'étau se resserre dangereusement autour de Benzema. Le 4 novembre, la star est placée en garde à vue par la PJ de Versailles, où il passe la nuit. Son entourage dénonce la forte présence des journalistes sur les lieux. Benzema est parti la veille au soir de Madrid pour ne pas arriver en retard.

Dans le camp Benzema, les semaines qui précèdent ce rendez-vous n'ont pas été de tout repos. Son agent craint, comme il nous l'explique lors d'une conversation téléphonique, une action spectaculaire des policiers. Le 21 octobre, le PSG affronte en effet le Real Madrid en Ligue des champions. « J'ai appelé Momo, le commandant qui suit les Bleus, raconte Karim Djaziri. Je me suis dit : "Oh, là là !, si Karim vient avec le Real, ils vont l'arrêter." Nous étions à une semaine et demie du match. » Blessé, Benzema ne dispute pas la rencontre. Djaziri, grâce à son entregent, demande et obtient ce qu'il souhaite : un rendez-vous supposé discret avec les enquêteurs. Il ne s'attend pas à une telle affluence médiatique...

Benzema placé en garde à vue, c'est un coup de tonnerre. La star est mise en examen le 5 novembre. L'entourage de Benzema revient sur les conditions de sa garde à vue : « Il est entendu trois fois, la dernière audition ayant lieu à 17 heures. On le fait dormir là-bas, pourquoi le garder jusqu'au lendemain[1] ? » Son avocat, Me Cormier, s'adresse aux médias à la sortie de la garde à vue, alors que le joueur s'engouffre dans une voiture : « Karim Benzema n'a rien reconnu du tout[2]. » Un démenti aux rumeurs d'aveux qui circulent. « Il proclame son innocence. Il n'a pris aucune part au chantage ou à une tentative de chantage. [...] Il est venu parler en compagnon d'infortune à Mathieu Valbuena pour lui conseiller de ne pas céder[3]. » L'avocat s'avoue « assez confiant sur les suites de la procédure » et définit l'état d'esprit de Benzema : « Il est serein. Il sait qu'il n'a absolument rien à se reprocher. En revanche, il est un peu révolté par ce battage[4]. » Un paparazzi photographie la star, sous une capuche de survêtement, devant l'immeuble de la police judiciaire. La photo fait le tour de la planète.

Une semaine après, Mathieu Valbuena est auditionné par le juge d'instruction au palais de justice de Versailles. Aucun détail ne filtre quant au contenu de ses déclarations. Jusqu'à l'interview du Lyonnais dans *Le Monde*, dans

---
1. Entretien avec les auteurs.
2. Déclarations lors du point presse à la sortie du tribunal.
3. *Ibid.*
4. *Ibid.*

laquelle il s'épanche au sujet de son coéquipier en Bleu. « Je ne peux être que très, très, très déçu, et constater que la relation avec Karim, elle n'est pas aussi sincère qu'il pouvait peut-être le prétendre[1]. » L'ancien Marseillais révèle aussi un appel gênant de Benzema, une fois son nom diffusé dans la presse. Selon Valbuena, Benzema a essayé de le recontacter. Pas avec son téléphone et pas sur le sien, mais sur celui d'un membre du staff de Lyon. Benzema lui demande de publier un démenti… Sans succès.

Sur le fond de l'affaire, les proches de Benzema se penchent sur un point particulier. Selon eux, Mathieu Valbuena, le premier à être placé sur écoute pour capter les appels des maîtres-chanteurs, n'a jamais appelé quelqu'un de son entourage pour parler de Karim Benzema après leur discussion à Clairefontaine, ni n'a voulu prendre le numéro de l'ami de Benzema. Pour l'entourage du Madrilène, cela indiquerait que ce dernier n'a pas été insistant. Ils s'interrogent aussi sur la stratégie des enquêteurs. Le fait qu'un policier contacte à plusieurs reprises les maîtres-chanteurs, en se faisant passer pour un intermédiaire, ne s'apparente-t-il pas à ce qui pourrait être considéré comme une « provocation d'infraction » ?

Mais l'enquête révèle des faits troublants, notamment une rencontre qui s'est déroulée à Madrid au mois d'août, nommée « scène du coussin Vuitton ». Benzema

---

1. « Mathieu Valbuena donne sa version de l'affaire dite de la "sextape" », *Le Monde*, 27 novembre 2015.

se trouve en présence, aux côtés de son ami Zenati, de l'un des maîtres-chanteurs supposés. Celui-ci prétend s'être déplacé pour un business. Un proche de Benzema évoque les conditions de cette rencontre : « Le gars vient avec une autre personne, avec laquelle Karim a joué au foot très jeune. Il présente à Karim des coussins brodés avec son prénom. » Les joueurs, qui pourraient très bien se rendre directement chez Vuitton commander ce genre de coussins, court-circuitent souvent les boutiques pour certains achats, par souci de discrétion ou par facilité. Ils sont donc susceptibles de se laisser tenter par des propositions comme celle-là. Même si, parfois, le risque de contrefaçon est bien réel...

Ce jour-là, l'homme qui présente le coussin décoratif en profite pour révéler qu'il possède une vidéo sensible sur une clé USB. Interrogé, Benzema dit aux policiers ne pas connaître ce mystérieux personnage qui prétend posséder une vidéo « chaude » sur Mathieu Valbuena et affirme l'avoir éconduit.

Cet épisode est crucial. Benzema a-t-il été dupé, impliqué contre son gré ? Existe-t-il un lien direct entre ce déjeuner et la suite de l'affaire ? Interrogé par les enquêteurs sur cette scène et sur sa rencontre dans les semaines qui suivent avec Valbuena à Clairefontaine, Benzema se défend de toute complicité avec les maîtres-chanteurs et affirme avoir voulu rendre service à son coéquipier, lui-même ayant été victime d'un chantage dans le passé.

Les écoutes téléphoniques du 6 octobre entre Benzema et Zenati, révélées par Europe 1, puis détaillées par Arnaud Hermant dans *L'Équipe*, sont surprenantes. Karim Benzema évoque à plusieurs reprises la réaction de Mathieu Valbuena lorsqu'il lui a parlé de la sextape. Il le décrit comme très pâle, avalant de travers... et ajoute en riant qu'il pourrait bien être mangé tout cru.

L'enquête permet rapidement d'identifier qui est à l'origine de l'affaire. Ce sont deux Marseillais. *M, le magazine du Monde* révèle que le duo, sorte de « concierges de stars », travaille pour plusieurs vedettes du ballon rond : Bafétimbi Gomis, André Ayew et... Mathieu Valbuena. Ces deux « hommes à tout faire » établissent une grande proximité avec leurs clients. L'un d'eux a monté sa société de service informatique. Ses revenus déclarés s'élèvent à peine à 2 000 euros mensuels, mais ses ressources proviendraient d'une autre passion, les paris sportifs. Son complice présumé, rencontré chez un joueur, vend officiellement des maisons et affiche un revenu mensuel de 2 400 euros.

Selon Valbuena, l'un des deux hommes possède un réseau étoffé. Il connaît nombre de footballeurs et maîtrise parfaitement les codes en vigueur dans le milieu. L'international affirme l'avoir rencontré par Djibril Cissé, quand ils évoluaient ensemble à Marseille. Il rendait des services, en particulier dans le domaine informatique.

Karim Benzema, en revanche, s'en remet à des gens fiables et sérieux. L'attaquant du Real recourt aux services d'une jeune femme dynamique, Mylène. Mylène ne le quitte pas d'une semelle, le suit comme son ombre. Par son entregent, sa débrouillardise, cette très fine connaisseuse du milieu du football a réussi à devenir une personne de confiance pour plusieurs joueurs de renom. À Paris, elle les aide à organiser leur séjour ou leur déplacement. « Je suis la Olivia Pope du football », lance-t-elle malicieusement, faisant allusion à l'héroïne de la série *Scandal*. Olivia Pope, chargée de communication à la Maison-Blanche, entretient une liaison agitée avec le président des États-Unis. Mylène, elle, refuse de dévoiler plus avant sa fonction et ses missions. Confidentialité oblige…

Pour une Mylène, combien de parasites, de profiteurs comme ceux qui tournent autour de Valbuena et qui réussissent au fil du temps à se rendre indispensables ?

Huit mois avant que l'affaire éclate, le vol présumé de la vidéo de Valbuena se serait produit dans un restaurant très chic d'un hôtel de la capitale, le Mandarin Oriental, situé rue Saint-Honoré dans le 1er arrondissement, toujours selon *M, le magazine du Monde*. Aux policiers, le maître-chanteur bidouilleur raconte que Valbuena lui a demandé de gérer son BlackBerry pour transférer ses contacts sur un iPhone. C'est à ce moment-là qu'il aurait découvert la sextape, une vidéo intime que Valbuena aurait lui-même filmée et conservée par mégarde dans son téléphone. À propos de cette fameuse vidéo, Valbuena est toujours resté évasif, allant même dans un premier temps jusqu'à nier son existence…

Les deux maîtres-chanteurs présumés envisagent d'abord de réclamer 1 million d'euros à Valbuena, puis pensent plus « jouable » de n'en exiger que 200 000. Il leur faut absolument passer par un intermédiaire qui connaît bien Valbuena et pourra les protéger en constituant un « écran de fumée ». Le duo décide alors de solliciter un très bon ami de Valbuena et... une ancienne victime, Djibril Cissé, confronté à une arnaque similaire en 2008. Cette tentative échouera.

Les deux présumés escrocs semblent hésiter entre Karim Benzema et Samir Nasri. Ils écartent ce dernier, en froid avec Valbuena depuis plusieurs années. Ils enrôlent également un ancien chauffeur de footballeurs vivant aujourd'hui à Créteil, dans le Val-de-Marne, qui accepte de devenir leur complice. Le 3 mai, c'est ce personnage qui appelle Valbuena et lui propose d'envoyer un intermédiaire à Dubaï pour récupérer la sextape contre une forte somme d'argent. On connaît la suite...

Les révélations de Gérard Davet et Fabrice Lhomme dans *Le Monde*[1], les procès-verbaux d'auditions et les écoutes parus dans la presse hystérisent l'affaire et font sortir de leurs gonds les avocats de Benzema, qui répètent inlassablement la même thèse. Pour Me Jakubowicz, son client a simplement tenté d'aider son camarade : « Valbuena vient d'arriver à Lyon et Karim Benzema veut l'aider face à une situation que lui connaît : il a été lui-même victime de tentatives de chantage par le passé. Il sait ce que c'est. Il lui conseille de prendre contact avec

---

1. « Chantage à la "sextape" : ce que Karim Benzema a dit à la justice », *Le Monde*, 2 décembre 2015.

Karim Zenati parce que cet ami vit à Lyon. Il pense à tort ou à raison que Zenati peut l'aider. C'est tout. Il n'a jamais été question de la moindre contrepartie lors de la conversation Valbuena-Benzema. Mathieu Valbuena l'a reconnu devant la juge[1]. »

Pour étayer cette thèse de l'aide amicale entre coéquipiers ayant subi les mêmes affaires glauques, Karim Djaziri, l'agent, nous raconte les mésaventures effectivement vécues par Benzema : « La notoriété des joueurs de foot suscite les convoitises. Il y a trois ans, Karim a lui-même subi une tentative de chantage avec des photos[2]. » C'est le *JDD* qui révèle l'affaire. Un homme avait contacté l'entourage de Benzema et menacé de vendre des photos intimes du footballeur en présence d'une ancienne petite amie : 900 000 euros sont réclamés. Heureusement pour lui, cette tentative d'extorsion était fomentée par des amateurs. Les apprentis gangsters ayant accumulé les erreurs, les enquêteurs sont parvenus à mettre en place un rendez-vous dans un hôtel de la banlieue lyonnaise pour effectuer l'« échange ». Finalement, deux hommes sont interpellés, dont le beau-père de son ex-petite amie. « Et puis, le nom de Karim a déjà été utilisé sur un réseau social il y a cinq ans par quelqu'un qui s'était exhibée devant une mineure, poursuit Djaziri. Les parents voulaient porter plainte. Heureusement, les gendarmes ont trouvé

---

1. « La déposition de Valbuena est loin d'être aussi noire », propos de Mᵉ Alain Jakubowocz recueillis par Dominique Séverac, *Le Parisien*, 2 décembre 2015.

2. Entretien avec les auteurs.

l'adresse IP pour nous disculper. Et enfin, récemment, quelqu'un a acheté des habits à Lyon en prétendant que Karim allait venir payer. C'était faux, bien entendu[1]. » Dernier épisode rocambolesque : un suspect de l'affaire Air Cocaïne aurait affirmé connaître Benzema. Cette rumeur est vite démentie par Karim Djaziri dans *Le Point* du 5 novembre 2015 : « Je n'ai pas connaissance de cette histoire et n'ai jamais entendu parler d'un membre de l'entourage de Karim qui aurait été emprisonné en Espagne pour trafic de drogue. Vous savez, Karim a vingt millions de fans sur Facebook. N'importe quel fan fou furieux peut avoir pris des selfies avec lui à plusieurs reprises. Cela ne signifie pas que c'est un de ses proches. »

Plutôt spécialisé dans le droit des affaires, Me Jakubowicz est célèbre pour avoir défendu le consistoire israélite de France lors des procès Barbie, Touvier et Papon. Il a été élu président de la Licra en 2010 et se pose en chantre de la lutte contre tous les racismes. Alain Jakubowicz est né à Villeurbanne.

Mes Jakubowicz et Cormier s'étonnent de l'ordre dans lequel ont été auditionnés les témoins de l'affaire : la victime après le suspect présumé. Ils dénoncent un Valbuena sous influence, conditionné. Pour les défenseurs, il n'y a aucune preuve contre leur client, les écoutes ne révélant en rien un chantage caractérisé. En clair, jouer l'intermédiaire amical ne veut pas dire que l'on participe au

---
1. Entretien avec les auteurs.

chantage. Il est vrai qu'on imagine mal Benzema risquer sa carrière pour gagner une somme, pour lui, dérisoire. Sur les suites de l'affaire, les avocats et les proches de Benzema se montrent sereins. Me Cormier pense alors que cette affaire ne sera pas longue et peut se régler rapidement. L'avocat garde en tête l'épilogue de l'« affaire Zahia » pour son client. Ce scandale, avec son extraordinaire résonance médiatique, avait traumatisé Benzema. Les journaux « people » en particulier l'avaient traité très durement, en publiant de présumés détails croustillants et sulfureux sur sa vie privée. En pleine tourmente, Benzema a cependant toujours été persuadé qu'il serait finalement blanchi. Une constante chez lui : la foi d'un miraculé.

Franck Ribéry et Karim Benzema, poursuivis pour avoir eu recours aux services sexuels de Zahia Dehar alors qu'elle était mineure, en 2008 et 2009, avaient finalement été relaxés. Devant le tribunal correctionnel de Paris, le procureur Jean-Julien Xavier-Rolai avait expliqué qu'il était impossible de « démontrer » que les footballeurs connaissaient l'âge de Zahia Dehar au moment de leurs relations avec elle. Franck Ribéry et Karim Benzema encouraient jusqu'à trois ans de prison et 45 000 euros d'amende. Me Brusa, l'avocat de Franck Ribéry, avait alors confié sur RTL que son client avait « eu la chair de poule ». « Nous nous sommes battus pour que cette relaxe soit […] sans tache. On peut commettre une erreur dans la vie, mais ceci n'a rien à voir avec le pénal. » De son côté, Me Cormier avait déclaré : « C'est la fin d'un cauchemar. » En sera-t-il de même pour l'affaire de la sextape ?

C'est tout l'enjeu. Pour comprendre l'attitude de Karim Benzema et mesurer ses chances de s'en sortir une fois encore, il faut remonter à la matrice du personnage. Son enfance solitaire, le carcan familial qui frustre son besoin d'émancipation, les influences, bonnes et mauvaises, l'indéfectible fidélité, quoi qu'il en coûte, à ses amis de jeunesse, la recherche permanente d'un « grand frère »…

En quelque sorte, tout était déjà écrit.

II.

SOUS EMPRISE

1.

Naissance d'une légende

L'histoire de Karim Benzema est une jolie fable sociale. « Coco », voilà le curieux surnom donné dès sa prime jeunesse au petit Karim, au milieu des années 1990. Coco, c'est un gosse de la banlieue « chaude » de Lyon, fils de famille immigrée de la deuxième génération. Une famille nombreuse – neuf enfants – socialement défavorisée, et un gamin discret, souvent mutique, solitaire et renfermé, qui va devenir, grâce à son talent et à des rencontres miraculeuses, l'un des meilleurs footballeurs du monde.

La première rencontre miraculeuse de Coco, c'est Henri Bayada. Ce pied-noir arrivé en France en 1963 préside actuellement le club de pétanque de Bron, grosse commune « difficile » de la ceinture lyonnaise qui jouxte la tristement célèbre cité de Vaulx-en-Velin, connue pour ses violentes émeutes il y a près de trente ans. En 1994, il fait partie des responsables du club de football local, le SC Bron-Terraillon, aux côtés d'un certain Serge Patriarca.

Henri Bayada, que nous avons retrouvé, n'est pas peu fier du parcours accompli : « On s'est fait pas mal d'ennemis en construisant un club de football mixte durant toutes ces années, avec des gamins de tous horizons, de toutes origines. Tout cela aurait pu mal tourner. Certains voulaient en faire un club communautaire. Des mauvaises influences, religieuses en particulier, auraient pu tout gâcher. Il a fallu se battre. Tous les éducateurs qui travaillent ici ont fait et font des miracles. On en récupère des gamins... Ici, c'est le foot ou le deal de drogue. Ce n'était pas gagné d'avance[1]. »

Bayada est un personnage déroutant qui cultive son côté maquignon très madré. Il adore tromper son monde en écorchant systématiquement les noms de famille et les lieux qu'il évoque. Il ne parle pas, il bougonne, avec un drôle d'accent. Il se vante à demi-mot d'avoir littéralement découvert Coco, la future vedette des Bleus : « Un soir, Hafid, le père de Karim Benzema, vient me voir, dépité : "Le club de foot d'à côté ne veut pas prendre le gamin. Ils disent que la saison a déjà commencé." J'ai joué les intermédiaires et j'ai un peu poussé pour qu'ils regardent au moins une fois Coco taper dans le ballon. » Face à nous, Bayada prend son temps, sirote son café, attablé dans la cuisine improvisée du club de pétanque, dont les locaux un peu tristes sont implantés tout près

---

1. Entretien avec les auteurs.

du terrain de football du SC Bron. « Moi, je le voyais jouer juste en face. Coco pouvait rester des heures et des heures à tirer. Il était tout seul à taper contre le grillage ou contre un mur[1]. »

Karim Benzema est alors âgé d'un peu plus de huit ans. Sur les photos de l'époque, le gamin de banlieue apparaît chétif. Dans la vie, ceux qui l'ont connu parlent d'un enfant coincé au milieu de la grande fratrie, avec deux aînés nés d'un premier mariage de Malika, sa mère. Devant l'insistance du père de Karim et grâce à l'entregent de Bayada, les entraîneurs du club acceptent finalement de superviser Coco et sentent instantanément qu'ils ont affaire à un petit prodige. « Quand les entraîneurs du SC Terraillon ont finalement bien voulu le voir, cela n'a fait ni une ni deux. Ce qui m'impressionnait le plus, c'est lorsqu'ils lui envoyaient le ballon dans le dos. Coco se retournait alors au dernier moment et, à chaque fois, c'était "pan !" dans la lucarne. C'était inné. On voyait le ballon, on voyait Coco derrière[2]. »

À huit ans, Karim signe sa première licence à Bron-Terraillon, le club le plus proche du domicile familial, dans un quartier de logements sociaux. La formation locale ne le gardera pas longtemps, puisqu'il va s'engager en faveur de l'OL. Mais ses souvenirs d'enfance liés au foot ne s'estomperont jamais. En 2008, il accorde à

---
1. « Voyage à Lyon sur les traces de Benzema », France Info, 30 juin 2014.
2. Entretien avec les auteurs.

Footcitoyen, pour son numéro 17, un entretien au journaliste Hugo Lebrun sur ses liens passionnels avec sa cité. Coco Benzema a dès son plus jeune âge toujours joué avec les grands de Bron lors des petits matches de rue, à l'improviste, faute de terrain de football à proximité.

Pour Coco, le déclic s'est produit au pied de chez lui, comme pour un autre grand attaquant international, Thierry Henry, qui dribblait très jeune à la cité des Bosquets, un quartier des Ulis, dans l'Essonne. Dans l'interview accordée à *Footcitoyen* Benzema se souvient de ses débuts : « Quand j'avais quatre, cinq, six ans, je n'arrêtais pas de tirer dans le ballon dès que je le pouvais. Et c'est vrai que, lorsque tu joues avec des plus grands, tu es obligé de durcir ton jeu, trouver des ruses pour éviter les charges et ça développe beaucoup de qualités, comme la vitesse d'exécution et la technique. J'étais le plus jeune, j'étais le plus maigre. » Les « grands » vont tout lui apprendre. « Moi, j'avais conscience de la chance que j'avais ; j'étais le seul de mon âge à jouer avec les grands. J'étais un peu le chouchou, ils me laissaient devant pour marquer. » Il sait qu'il leur doit beaucoup.

Les Benzema éduquent leurs neuf enfants de façon stricte. Sabri, le benjamin, Gressy (qu'on appelle « Grignette »), Karim, Nafsa, Sofia, Célia, Laeticia, ainsi que Farid et Lydia nés du premier lit. Alors que certains de ses copains d'enfance tombent dans la délinquance, Karim reste dans le droit chemin. Mais cette éducation à la dure a un coût. « Karim a été privé de jeunesse », selon l'un de ses copains. Jusqu'à sa majorité, Coco doit « filer droit » sous l'autorité paternelle et l'attention permanente de sa mère. Seules quelques longues parties en solitaire sur sa première PlayStation, qu'il ne quitte jamais, égayent sa solitude. Même plus grand, son père l'attend après ses matches à Lyon pour le ramener sagement à la maison.

À la maison, justement, la vie n'est pas facile. Entre neuf et onze ans, Karim Benzema va parfois aux Restos du cœur pour se nourrir, nous confie lors d'une conversation téléphonique son agent Karim Djaziri, avec beaucoup d'émotion dans la voix. La famille patiente pour obtenir le précieux repas. Les Benzema ne s'apitoient jamais sur leur sort. Question de pudeur… Aujourd'hui, reconnaissants, ils soutiennent financièrement les Restos. Enfant de la cité, Karim est très « tenu » par ses parents, astreint à une discipline de fer. À l'adolescence, quand tous ses copains traînent le soir, lui rentre à la maison après l'entraînement. Le prix à payer pour se construire un destin.

À quinze ans, Karim doute. Taciturne, il vit dans sa bulle, pas mal de choses lui passent par-dessus la tête. Il ne faut pas « le chercher »… Alors, quand arrive un nouvel entraîneur avec qui cela ne colle pas, qui ne le fait pas assez jouer, le laisse souvent sur le banc de touche, Karim craque et veut soudain tout arrêter. Heureusement, la rencontre avec Armand Garrido tombe à pic. Elle a lieu quand le jeune Benzema passe chez les moins de 16 ans nationaux de l'OL. Garrido a confiance en lui, le fait travailler durement. Pour la première fois, Benzema y croit et prend conscience qu'il peut réaliser son rêve, devenir footballeur professionnel. En janvier 2016, *L'Équipe* consacre un article à Garrido, titré « L'idole des jeunes ». Garrido y raconte son arrivée au club en 1989, « un peu par hasard », alors qu'il s'apprête à quitter l'AS Buers-Villeurbanne. Le papier est posté sur Twitter par l'ancien joueur de Lyon Jérémie Bréchet et retweeté par Benzema, toujours reconnaissant pour Garrido.

Dans un documentaire de Stéphane Groussard pour la chaîne de télévision L'Équipe 21, *Benzema par Karim*, l'attaquant des Bleus revient près de vingt ans après dans le quartier de sa prime jeunesse, Bron-Terraillon, avec ses barres HLM. Face à la caméra, sa mère se souvient : « Le ballon a été sa passion depuis l'âge de trois ans. Je lui avais acheté une petite balle en mousse et il jouait continuellement à la maison. Un peu plus tard, on lui a offert un vrai ballon et il jouait dans la cour après l'école, dès qu'il avait un moment, pendant des heures. » Quand ils ont compris, très tôt, que le football représenterait sa vie, ses parents ont voulu préserver leur petit Coco du monde extérieur. Une protection parfois étouffante. « On voulait tout faire pour qu'il réussisse, raconte son père Hafid. Il n'avait pas beaucoup de sorties, c'était tout pour le ballon ! » Ils ne le quittent pas d'un pouce, accompagnent partout ce gamin qui entre dans l'adolescence. « Mon père voyait bien que certains de mes potes commençaient à dériver, confie Benzema à *France Football*. Il voulait donc que je baigne en permanence dans un contexte purement footballistique. Si j'en suis là aujourd'hui, c'est grâce à lui. Et beaucoup grâce à ma mère. J'ai huit frères et sœurs, ce qui veut dire qu'elle est souvent malade ou fatiguée, que ça crie beaucoup à la maison. Pourtant, elle a toujours été là pour moi. Elle a toujours trouvé le moyen de m'acheter une paire de crampons. »

Malika, la mère de famille nombreuse pourtant débordée, va jusqu'à « mouiller elle-même le maillot » et prend régulièrement le temps de s'improviser « goal » sur le terrain de football du quartier afin de permettre à son fiston de s'entraîner longuement aux tirs au but. En revanche, elle ne l'accompagne pas souvent aux matches le week-end. Elle préfère la discrétion, ne se sent pas à l'aise au milieu de la foule, mais suit attentivement les performances de son fils. « La mère de Karim reste une figure centrale de son univers, certifie un proche de la famille. Elle gère alors les finances, valide les décisions. » Malika doit sans cesse expliquer à ses professeurs que le visage fermé de Karim en cours ne traduit ni arrogance ni bouderie.

Dans le documentaire tout à sa gloire, Benzema, devenu star, apparaît souriant, décontracté, soucieux de l'image qu'il donne aux « petits » du quartier. Il arpente le modeste pavillon de ses parents à Terraillon, s'assied dans le salon meublé simplement, avec une grosse télévision à l'ancienne, qu'il est obligé de secouer lourdement pour la faire fonctionner. Se dessine, dans ce pavillon situé 33, rue Youri-Gagarine, juste en face du stade Léo-Lagrange, du boulodrome et proche de la résidence Plein Sud, l'existence heureuse d'une famille nombreuse. Dans les années 1990, elle sort juste la tête de l'eau grâce aux revenus du père, agent d'entretien à la mairie de la commune voisine, Villeurbanne.

Autre image émouvante qui montre Benzema en visite chez les siens, tant d'années après : fin mars 2015, casquette vissée sur la tête et mains plongées dans les poches de son survêtement, la star affiche un large sourire enfantin. Une caméra de la Fédération française de football suit Benzema à pied sur le chemin de l'école primaire Jean-Moulin à Bron. L'attaquant des Bleus rencontre les gamins du quartier sous l'œil de cette caméra. C'est son berceau. Quand il retourne chez lui voir ses parents, Karim Benzema parle d'ailleurs toujours de Terraillon et non de Bron. « Bron-Terraillon », le nom de son premier club de foot, aussi.

Au lendemain du match France-Danemark (2-0) disputé dimanche 29 mars à Saint-Étienne, Karim tient sa promesse. Malgré son emploi du temps démentiel, il vient passer un moment avec les élèves de l'établissement Jean-Moulin, où il a lui-même étudié en CM1 et CM2. Benzema entre soudain dans une classe devant des écoliers médusés. « Cela m'aurait fait drôle que les écoliers ne me reconnaissent pas », glisse-t-il, heureux. Benzema entre dans la salle, salue l'instituteur et lui lance quelques mots, puis se tourne vers eux. « Ça va, les enfants ? » Fidèle à sa réputation, il n'est pas bavard, mais on le sent touché, intimidé. L'échange avec des élèves pétrifiés « de voir Benzema en vrai », auxquels l'instituteur a visiblement soufflé des questions « intelligentes », est court mais émouvant.

Ceux qui se souviennent du petit Karim le décrivent comme un élève aux résultats très moyens. « Plus tard, ça se gâtera encore à l'école, raconte Henri Bayada. Au collège, c'était plutôt le genre à se mettre au fond de la classe avec deux ou trois copains, histoire d'avoir la paix et d'en faire le minimum. Il n'avait qu'une seule chose en tête, le ballon. Karim n'a jamais beaucoup aimé l'école. Il ne s'en est jamais caché, d'ailleurs[1]. » Benzema est moins sévère avec lui-même. À l'un des journalistes présents lors de sa visite à Jean-Moulin, il déclare sobrement : « Je travaillais, j'écoutais. Et j'attendais la récréation pour jouer au foot. Ce sont de bons souvenirs. »

Avec sa casquette américaine et son polo Kenzo orné d'une énorme gueule de tigre, la vedette alterne autographes, photos dédicacées, séance de questions-réponses. Il se prête même à un atelier ballon. Benzema redevient le petit Coco. Les élèves dribblent avec leur idole dans la cour de l'école. Benzema trottine, léger, aérien, s'amuse avec les petits qui lui tournent autour comme des abeilles. « Il y a deux ou trois bons joueurs. Ils sont petits, mais il y en a qui ne sont pas mal », juge-t-il avec bienveillance. Il sourit, ce qui lui arrive rarement en public. « Quand je débarque quelque part et que je ne connais pas, sourire

---

1. « Voyage à Lyon sur les traces de Benzema », France Info, 30 juin 2014.

n'est pas un réflexe », répète-t-il souvent. Ce jour-là, le message passe : c'est Benzema l'icône et surtout Benzema le modèle. Une communication bien structurée pour redorer l'image un peu écornée, déjà, de la star. Même si personne ne peut mettre en doute son bonheur sincère de côtoyer les enfants du quartier. Les enseignants entonnent le traditionnel couplet de « l'ancien gamin du Terraillon devenu un exemple de réussite pour beaucoup, mais il faut travailler dur, comme lui ». Des propos relayés par Anne Guillemot, maire de Bron, qui évoque un « bel exemple de solidarité, de patience et du respect des règles ».

2.

Un clan très soudé

Karim Benzema ne revient pas innocemment sur les terres de son enfance. C'est aussi le quartier des blessures enfouies et bien cachées.

Il y a quelques mois, avant qu'éclate l'affaire de la sextape de Mathieu Valbuena, le regard des gens du quartier paraissait déjà très ambivalent. « Benzema ? Il nous a tous oubliés, tempête le chauffeur de taxi sur la route de Terraillon. À une époque, ce fana de moto venait quelquefois faire le kakou avec ses grosses cylindrées quand il revenait au pays. Pas un méchant garçon, il m'a même passé le bonjour un matin à la station de lavage de voiture, mais il est devenu fier[1]. »

Benzema est littéralement bunkerisé par sa famille, ses proches, ses amis, son agent. Pas facile de marcher sur ses traces.

---

1. Entretien avec les auteurs.

Le pavillon des années 1970, construit de plain-pied, est une location sociale. Les Benzema n'en sont pas propriétaires. Un logement modeste devant lequel un groupe de jeunes du quartier tourne en faisant pétarader de petites mobs. « C'est bien là chez les Benzema ? » demandons-nous. « Oui ! Le père est là », répondent-ils en chœur. Ici, la loi implicite du quartier est claire : personne ne dérange la famille de la star. Et gare à celui qui s'avise de s'inviter sans prévenir. Hafid, le père, est prêt à tout pour chasser l'intrus et protéger, toujours, son fils. Nous frappons tout de même à la porte, sous l'œil étonné de plusieurs motards du quartier. Un homme de taille moyenne et grisonnant nous ouvre après plusieurs longues secondes. C'est bien lui, pas de doute. Nous le saluons. D'une voix douce mais d'un ton ferme, il répond aussitôt : « Non, non, vous vous trompez, je ne suis pas le père de Karim Benzema, je suis le gardien. La famille est partie en vacances en Espagne... Et puis, vous lui voulez quoi, à Karim ? D'abord, il a très peu vécu ici, ça n'a aucun intérêt. » Hafid Benzema claque la porte. Puis se ravise et ressort du pavillon : « Laissez-moi quand même votre numéro de téléphone. On ne sait jamais. » C'était il y a un an, et nous démarrions notre enquête.

Une heure plus tard, le téléphone sonne, mais c'est l'agent du joueur qui nous contacte, prévenu par Karim Benzema, lui-même alerté par sa mère. S'ensuit une longue conversation mouvementée avec Djaziri, au cours de laquelle souffle constamment le chaud et le froid et où percent, au détour d'une phrase, des menaces à peine voilées. C'est le système Benzema. Des cercles concentriques de proches, amis d'enfance, agent, qui « bétonnent » la communication. D'entrée, la loi Benzema est affichée. Tout est et restera soigneusement verrouillé. Certains nous dissuadent même de poursuivre. Une technique d'usure bien rodée... Même Karim Zenati, pourtant très enjoué au téléphone, est catégorique. « Je rejoins Karim à Madrid pour une opération promotionnelle. Moi, je veux bien vous parler, avec plaisir, mais sans son accord formel, c'est non. » Zenati ne rappellera jamais.

Benzema est injoignable, inabordable, tout comme son entourage. « Il n'y a rien à raconter sur Karim, tout va bien, il n'y pas d'histoire », répond un beau-frère devenu gérant d'un petit restaurant dans le quartier. Benzema évolue dans un environnement plus benzemiste que Benzema lui-même. Plusieurs anciens copains de Bron, qui veulent rester anonymes, entonnent à chaque fois le même refrain : « Karim est victime d'un entourage trop oppressant qui parle pour lui, pense pour lui, répond pour lui et surtout le coupe de tout contact vrai avec l'extérieur. »

Karim Benzema, c'est l'histoire d'un enfant qui n'a jamais pu réellement s'émanciper et gagner son autonomie. Un enfant ballotté des parents aux agents, puis des amis aux entraîneurs. « Moi je suis un gars simple, j'aime ma famille, mes frères et sœurs, mes amis, je ne me prends pas la tête, prévient l'attaquant, dans le reportage diffusé par L'Équipe 21. Si ça ne va pas bien, je les retrouve et j'arrive à me laver la tête en rigolant. » Dans le même document télévisé, son père acquiesce : « Moi je me fous totalement de ce qu'on dit sur Karim. Chaque fois que je le vois, je lui demande si lui va bien. Et alors, s'il me dit oui, c'est l'essentiel, le reste ne compte pas. »

Chez les Benzema, le clan familial est sacré. Pour une télé locale à Lyon, son frère Gressy, très associé à sa carrière et à ses affaires, entretient lui aussi la légende : « Karim est mon frère aîné, de près de cinq ans. Mais on s'entend surtout comme des amis. Je travaille pour lui, je m'occupe de son image sur les réseaux sociaux. » Au moins deux ou trois fois par mois, Gressy rejoint Karim chez lui, à Madrid. « Moi, je suis resté vivre à Bron, où le regard des gens n'a pas changé. On nous connaît depuis tout petits et on n'a pas bougé. Karim a toujours eu un visage fermé. Quand on ne le connaît pas, on peut prendre ça pour de la distance ou de l'arrogance, alors qu'il est d'une immense générosité. » Karim se sent investi de responsabilités à l'égard de son petit frère. « Il me défendait quand il y avait des embrouilles. Il savait aussi se moquer de moi. Je me souviens du jour où il m'a laissé conduire sa petite moto, une Piwi 50. J'avais six ans. Je me suis gaufré, il ne m'a pas loupé. » Gressy est plus doué pour les études que son grand frère. Quand Karim Benzema rentre à Terraillon, il descend parfois chez Gressy, dans l'appartement où il a grandi avant que ses parents ne s'installent dans le pavillon et que le petit frère a conservé. Les gosses du quartier, considérés par les policiers lyonnais comme le « plus dur de la région », se regroupent alors pour contempler et toucher la dernière voiture de luxe du footballeur.

L'argent, le business, les affaires... À qui confier tout cela, devenu capital (dans tous les sens du mot) depuis que Benzema est une marque mondiale ? La réponse est évidente : à sa famille, encore une fois, bien sûr.
La société Best of Benzema, une SARL, dont l'objet social est, « tant en France qu'à l'étranger, la protection et l'exploitation du prénom, du nom, du surnom, du pseudonyme, du sobriquet, de l'image, de la voix, de tous constituants de la personne, des signes distinctifs, des biens, au moyen de tous supports contractuels ou non, utilisant un procédé écrit, oral, auditif, visuel, électronique, matériel ou autre [...] concernant Monsieur Karim Benzema », est créée le 3 avril 2008 à Lyon. Elle est autorisée à effectuer toutes les opérations commerciales et financières liées à cet objet social. Lors de la constitution de la société, la somme de 10 000 euros en numéraire a été apportée par Karim Benzema (9 000 euros), son père Hafid (500 euros) et sa mère Malika (500 euros). À vingt ans, l'attaquant se lance dans les affaires, et il y réussit : la société a réalisé en 2014 un chiffre d'affaires de 1,9 million d'euros. Son ami Karim Zenati est salarié de l'entreprise. Officiellement, la société gère le site Internet de la star, les réseaux sociaux et les deux contrats publicitaires qui le lient à Adidas et Electronic Arts (EA), une société nord-américaine, numéro 1 mondial de la conception de jeux vidéo, notamment le jeu Fifa, qui en est à sa onzième

mouture. EA a l'habitude de faire appel à des sportifs internationaux : le basketteur Tony Parker, le golfeur Tiger Woods ou le tennisman Jo-Wilfried Tsonga.

Un ancien dirigeant d'Electronic Arts Sport, Philippe Sauze, se souvient du partenariat tissé entre la société et Benzema. Philippe Sauze vit OL, pense OL, respire OL. Aujourd'hui directeur général délégué de la société LDLC située à Dardilly, près de Lyon, il a occupé les fonctions de directeur général de l'Olympique lyonnais du 8 juin 2010 au 8 mai 2011. Sa nomination était alors consécutive au départ de Marino Faccioli pour les Bleus. Manageur réputé, spécialiste de sport, notamment athlétisme et basket, il s'occupe à l'OL de Yoann Gourcuff avec l'objectif de développer sa « marque ». Du « personal branding » à la lyonnaise. Mais, au sein de ce club très politique, Sauze a du mal à trouver le bon dimensionnement de sa fonction. Doit-il gérer le sportif ? Peut-il mener à bien son projet de modernisation de l'OLTV ? Finalement, un divorce est prononcé entre les deux parties. Cela n'empêche pas Sauze, rencontré lors d'un enregistrement de l'émission d'Europe 1 « Les Pieds dans le plat » chez LDLC, de continuer à suivre attentivement les performances lyonnaises. Il entretient encore de très bonnes relations avec certains joueurs.

Avant de rejoindre l'OL, Sauze a impulsé le lancement de la filiale française d'Electronic Arts Sports. Il a très vite compris l'intérêt d'associer des footballeurs, tels David Ginola, Fabien Barthez ou Thierry Henry, à ses produits. Karim Benzema, en 2008 puis au moment de son transfert au Real Madrid en 2009, est « très identifié », selon les mots de Sauze, auprès des jeunes entre quinze et vingt-cinq ans. « Il rentrait parfaitement dans les cibles. » La filiale française d'EA Sports se donne pour objectif d'afficher Benzema sur le packaging du jeu Fifa. Sauze établit le contact : « Je sollicite son agent Karim Djaziri. Il apparaît que Benzema apprécie les jeux vidéo. L'agent, loin de faire barrage, manifeste un réel esprit d'ouverture par rapport au marketing. » À cette époque, Benzema participe à la nouvelle publicité pour la banque LCL. C'est le premier sportif de renom associé à l'établissement. Le spot, réalisé par Jean-Michel Ribes, est diffusé à partir du 10 octobre 2009 et entend montrer que tous les services bancaires sont disponibles par l'intermédiaire du site Internet de la LCL. Une publicité parodiée des années plus tard, en novembre 2015, par Nicolas Canteloup dans « C'est Canteloup » sur TF1, pour évoquer l'affaire de la sextape de Mathieu Valbuena.

« Nous organisons une rencontre entre Tony Parker et Karim Benzema, se souvient Sauze. Il s'agit d'une opération croisée au Trocadéro[1]. » Un coup marketing impressionnant, avec privatisation de l'esplanade pour promouvoir la nouvelle gamme de jeux vidéo EA Sports, Fifa 09 et NBA live 09. *Le Parisien* s'associe à cette opération en publiant une interview des deux stars. Les sportifs reviennent sur les déclarations de Jean-Michel

---
1. Entretien avec les auteurs.

Aulas, selon lesquelles Benzema n'est transférable « que » contre un chèque de 100 millions d'euros. « Moi, je m'occupe du terrain, ces chiffres sont les conséquences de mes performances », indique l'attaquant. Parker renchérit : « C'est normal que les clubs s'arrachent un joueur aussi talentueux et aussi prometteur. Je ne suis pas étonné qu'Aulas balance un tel chiffre, Karim vaut 100 millions d'euros, il casse tout en ce moment[1]. »

Jean-Michel Aulas entretient depuis ses débuts à Lyon une relation de proximité avec Benzema. Il n'oubliera jamais que Benzema a prolongé plusieurs fois son contrat à l'OL et que son départ s'est réalisé sans conflit. Benzema n'est pas parti libre, une manière de permettre à son club formateur de toucher une manne importante.

Lorsque l'affaire de la sextape éclate, Aulas, par le fait du hasard, se trouve pris entre deux feux. L'un des protagonistes est son ancien joueur, Benzema, l'autre évolue alors au sein de son effectif, Valbuena. « C'est un sujet hyperdélicat qui n'est pas une bonne promotion pour le foot, suggère Aulas dans *Le Journal du dimanche*. Au-delà du fond, la forme est gênante puisque le point principal, c'est des écoutes téléphoniques qui se retrouvent étonnamment dans la presse. Karim a beaucoup perdu dans cette affaire. [...] Je me demande s'il n'est pas victime d'un système. » Aulas a abordé le « sujet délicat » avec le président de la

---
1. « Benzema et Parker, un duo d'enfer », *Le Parisien*, 25 septembre 2008.

Fédération française de football, Noël Le Graët. « On est d'autant plus gêné que ça tombe sur Mathieu, qui joue à l'OL. Mathieu est quelqu'un de direct, qui a du sang-froid et une force de caractère impressionnante. Il a été courageux de dire la vérité, on ne peut pas le lui reprocher. »

Avant son transfert au Real Madrid en 2009, Aulas fait donc monter les enchères autour de Benzema. Il ne rapportera pas 100 millions d'euros à Lyon, mais pourquoi ne pas essayer ? Parker, qui évolue dans le basket américain, maîtrise parfaitement cette loi de l'offre et de la demande en matière de sport. La complicité entre Benzema et le meilleur basketteur français s'est construite au fil du temps. Philippe Sauze raconte : « J'étais en loge quand Benzema a rencontré Parker la première fois afin de préparer la campagne. Tony avait hâte de le voir, il aime le foot, notamment le PSG et Thierry Henry. J'ai trouvé Karim très attentif, posant des questions sur la diététique, l'hygiène de vie... »

Sauze apprécie également le contact avec Benzema. « J'ai connu plusieurs phases chez lui. La timidité totale, associée à la discrétion et au respect. Il se libère quand il connaît mieux les gens, que le lien est établi. » Le dirigeant d'entreprise constate alors que l'« agent est au milieu » pour toute discussion financière. « Il cornaque Karim, très très bien, même trop bien... »

EA Sports en appelle à l'attaquant pour sa publicité européenne. Sauze ne dévoile pas le montant du contrat mais l'évalue « entre 100 et 500 000 euros » à l'époque.

Aujourd'hui, pour ce type de prestation, Lionel Messi empoche 1 million d'euros. Sauze constate aussi l'influence de la famille Benzema. « J'ai noté la présence d'un papa qui est très averti. Il cocoone son fils et possède selon moi une belle personnalité. L'environnement familial est visiblement important pour le joueur. Il est entouré, mais pas dans le mauvais sens du terme. Je garde finalement le souvenir d'un joueur qui n'a pas la grosse tête, à Lyon en tout cas, assez lisse. C'est différent de Ben Arfa... »

Pour ses cinquante ans, l'équipe marketing de Philippe Sauze lui offre en cadeau une vidéo sur laquelle les sportifs lui souhaitent un joyeux anniversaire. Sur celle-ci apparaît Benzema, en compagnie notamment de Tsonga. « Karim ne se dévoile pas beaucoup, mais il est vrai », conclut Sauze.

Les deux contrats Adidas et Electronic Arts Sports rapportent entre 1 et 1,5 million d'euros par an à la société Best of Benzema. Une belle somme pour le joueur et ceux qui l'entourent, qui s'ajoute à son salaire. Dans *L'Équipe* du 24 mars 2011, Djaziri répond aux pourfendeurs du foot business : « L'idée n'est pas de faire de Karim un panneau publicitaire. Chaque chose en son temps, le football d'abord. Il faut que Karim s'implante définitivement à Madrid. Ensuite, on verra... »

L'année suivante, en 2012, *L'Équipe Magazine* situe la star au troisième rang de son classement des sportifs français les mieux payés (salaires, contrats publicitaires, utilisation de son image) avec 11 millions d'euros gagnés en 2011. À l'époque, l'étoile de Benzema se situe au plus haut. Il incarne la nouvelle génération des Bleus et surtout un très gros potentiel de développement marketing. Mais, même s'il ne participe pas à la Coupe du monde 2010, la grève des Bleus altère la cote d'amour des footballeurs français. Un tel succès ne va pas sans créer des jalousies.

La famille incarne le premier cercle du système Benzema, les cinq doigts de la main tout entière tendue vers le succès de Karim. Henri Bayada, qui fréquente les Benzema depuis des décennies, évoque la structure familiale et les problèmes liés aux succès de Karim : « Hafid, le père, c'est un vieux copain, je le connais depuis toujours. Je sais d'où il vient, d'où il part. Avec moi, il ne peut pas frimer ni me la faire à l'envers. » À en croire Bayada, la famille Benzema à Bron digère mal les tensions générées par le succès incroyable de Karim : « Ils ont des excuses, il y a de quoi perdre la boule quand l'un des gamins dans une famille aussi démunie devient une star mondiale. C'est l'argent qui a tout foutu en l'air. Ils sont tous devenus fous avec ça. Hafid, on ne peut plus l'approcher sans qu'il ait peur qu'on en veuille à son pognon et au patrimoine de son fils. » Et Bayada de conclure : « C'est très compliqué. En même temps, si Benzema donnait officiellement de l'argent au club de Bron-Terraillon, cela signifierait la fin du monde ici. Tout le monde suspecte déjà tout le monde de toucher de l'argent de Karim, même lorsqu'on achète une bête voiture d'occasion. »

Une affaire va particulièrement défrayer la chronique en 2012. L'hebdomadaire *VSD* titre spectaculairement : « Benzema millionnaire du foot et petit-fils ingrat ». Les journalistes font référence au refus supposé de la star de verser une pension à sa grand-mère dans le besoin, Yamina Benhattab Haddou. Peu de temps auparavant, la vieille dame avait saisi le juge des affaires familiales pour que son petit-fils lui verse 1 500 euros par mois afin de compléter une retraite de 800 euros. Benzema tombe des nues. Il paie déjà le loyer de la vieille dame depuis 2007 et, avec sa mère, subvient à ses besoins à hauteur de 1 800 euros par mois. Preuve de sa générosité envers sa famille, la star a embauché ses frères et sœurs au sein de sa société Best of Benzema.

Hélène Haddou, l'une des tantes de Karim Benzema, figure au cœur de la polémique. C'est elle qui a convaincu sa mère d'attaquer Karim. En réponse, Karim Benzema envoie à Hélène et à sa fille Samira une assignation en justice, dans laquelle il précise qu'il n'entend pas « être le seul débiteur d'aliments envers sa grand-mère, [...] à supposer l'obligation alimentaire fondée ». Stupéfaction des deux destinataires. Hélène, soixante-cinq ans, vient de perdre son mari décédé d'une crise cardiaque, ainsi que son commerce. Elle vit du RSA. Sa fille, Samira, est handicapée à 80 %. Furieuse, la tante de Karim Benzema prend alors la décision de médiatiser l'affaire. Alors, Karim Benzema, petit-fils ingrat ? La grand-mère du joueur avoue un peu plus tard avoir été « manipulée » pour engager une procédure devant le juge des affaires familiales et réclamer une pension à son petit-fils. Fin de l'affaire et du scandale supposé.

Smaïn, l'oncle adoré de Benzema, qui vole toujours au secours de son neveu, se répand lui aussi à l'époque dans les médias. Il explique que Karim est déjà très généreux, et que ses revenus ne l'obligent pas à financer toute la famille. Parallèlement, sur les réseaux sociaux et sur certains sites Internet lyonnais, les passions se déchaînent. Les propres tantes de Benzema se déchirent et lavent leur linge sale en public. Nous avons pu consulter leurs échanges très virulents, impubliables en raison des termes utilisés, sur des forums de discussion...

La vérité, c'est qu'avec ses proches Karim Benzema est connu pour son « grand cœur », selon les termes de l'un d'eux. Certains vont même voir en lui, sinon le veau d'or, en tout cas une « vache à lait ». Il achète un appartement pour sa sœur. À ses parents, décrits comme des gens « très gentils et corrects », il offre il y a quelques années une maison, située entre Genas et Chassieu, dans un quartier résidentiel. Mais Hafid, ancien employé municipal, et Malika, femme au foyer, mettent du temps à s'y installer. La maman confie à une connaissance : « Là-bas, on n'était pas bien. » Elle se sent coupée de ses amies et proches, de ceux qui partagent sa culture, celle du quartier. La famille ne supporte pas le déménagement et encore moins le déracinement social. « Je ne les voyais pas au milieu des avocats et des médecins, ce n'était pas leur monde. Ils sont revenus, ni une ni deux, dans le petit pavillon près du terrain de football à Terraillon », confie Henri Bayada.

Pourtant, son milieu d'origine n'a jamais vraiment pardonné à la famille Benzema la réussite de Karim. Certains vont lui faire payer cet argent, son succès, ses fréquentations. L'incroyable *success story* de l'attaquant des Bleus a littéralement coupé la famille du reste de la ville. « Une seule fois, Karim a donné un maillot pour qu'on le vende aux enchères mais jamais un ballon, jamais rien, se désole Hassan Ounnas, entraîneur des jeunes du club de foot. C'est dommage. Des sponsors sont prêts à lui donner 1 million d'euros pour taper dans un ballon et lui, pour les gamins du quartier, rien. Il n'y a aucun retour. Peut-être que cela ne l'intéresse pas, au fond, ou qu'il n'a vraiment pas le temps. Mais, pour nous qui l'avons vu grandir, qui l'avons lancé, c'est choquant. » Selon Bayada et Ounnas, « Benzema est encore respecté chez les vétérans ici à Bron, mais chez les jeunes, les vingt-trente ans, c'est fini. L'enfant du pays est déjà oublié, quand il n'est pas carrément rejeté ». Bayada renchérit : « Ici, certains traînent avec des grosses bagnoles, ce ne sont pas des histoires à l'eau de rose. Dans la bande, comment dire, il y en a qui ont connu des hauts et des bas. » Bayada s'exprime maintenant à la manière de Bernard Blier dans un film de barbouzes : « C'est comme son agent depuis très longtemps, Karim Djaziri, il bloque tout, tout le temps. Pourtant, on le connaît bien Djaziri, lui aussi a fréquenté notre club. Mais ils sont devenus intouchables, ces gens-là. Tout le monde en demande trop à Benzema. Il a eu de la chance Coco. Si Jean-Michel Aulas, le président de l'OL, ne l'avait pas pris sous son aile, je ne sais pas ce qu'il serait devenu. »

Bref, la réalité s'éloigne de la reconstruction mythifiée. « Entre la version officielle et la vraie vie, c'est le jour et la nuit », lâche Bayada, qui évoque à demi-mot des « problèmes de délinquance », des gamins « qui partent en sucette » et des « histoires de quartier qui ne sentent pas bon ». Lorsqu'éclate l'affaire de la sextape, en novembre 2015, Hassan Ounnas, frère de Tahar, président du Sporting Club Bron-Terraillon Perle, club ou Benzema a débuté, déclare : « Benzema, c'est quelqu'un qu'on ne calcule pas. Nous sommes peut-être dans le club où il a été repéré mais, en aucun cas, il n'existe quoi que ce soit avec lui. Nous n'avons aucune relation. »

3.

Les mauvais garçons

Le quartier Terraillon, à Bron, autrefois appelé « la Caravelle », a changé après une récente rénovation urbaine. La route de Genas en marque la limite et le sépare de Vaulx-en-Velin. Dans le système lyonnais ont toujours existé des rivalités, mais aussi des associations entre jeunes des cités. Opposés un jour et le lendemain associés, selon les circonstances. Cela dépend des individus et des liens qu'ils nouent, dès le plus jeune âge. Les futures bandes naissent dans les écoles. Quand leurs membres sont répartis sur plusieurs communes, on les appelle des « équipes à tiroirs ».

L'entrée en délinquance se produit toujours de la même façon, selon un système très structuré : les enfants commencent en effectuant des vols à la roulotte, cassent des vitres de voitures pour dérober des postes radio. Ensuite, ils montent en grade et fournissent les voitures volées à ceux qu'ils appellent les « grands ». Ces derniers s'en servent pour des braquages et, ensuite, les rendent aux gamins qui les désossent et les vendent. Les familles qui s'imposent sont celles composées de plusieurs frères. Quand l'aîné va en prison, les autres prennent le relais.

À Bron, pour prévenir les dérapages, l'action sociale sur le terrain est permanente. En ce samedi printanier d'avril 2015, Reynald Giacalone procède à la tournée des maisons de quartier. L'élu local, jovial et sympathique, assène avec un air bon enfant un discours très rodé. Il nous présente un animateur social, tout sourire, en train de faire répéter un groupe de rock local : « C'est dommage, vous venez de manquer l'une des cousines de Karim », nous lance-t-il. Reynald Giacalone, socialiste pur sucre, reconnaît que ce quartier a longtemps été plombé « par les fachos et les voyous » : « Terraillon à lui seul fait quinze mille habitants, vous savez ? Il y a une grosse présence policière. Benzema a grandi là-dedans, au milieu de populations défavorisées et de jeunes avec un énorme problème de décrochage scolaire. Incontestablement, ici, c'est le football qui sauve les gamins. Bron a été élu en 2008 ville la plus sportive de France et la mieux équipée en numérique. Depuis une dizaine d'années, des efforts de rénovation urbaine considérables ont été entrepris à Terraillon et pour la grande résidence Caravelle. Avec un vrai projet social et sportif. Les enfants se dépensent au foot le samedi, ils finissent rincés et ça leur évite les soirées « fumettes » en bas des barres HLM. Fort heureusement, historiquement, on a échappé aux émeutes qui ont touché la banlieue lyonnaise dans les années 1980. » L'élu n'est pas peu fier de sa longue tirade. Mais, comme tous les anciens, il garde en tête les événements révélateurs de l'ambiance mortifère de l'époque dans la banlieue lyonnaise.

Libération est le journal qui a le mieux couvert le premier embrasement. Le 15 septembre 1979, en pénétrant dans la cité de la Grappinière, les policiers lyonnais essuient la première émeute urbaine d'ampleur en France. Ils investissent ce quartier de Vaulx-en-Velin, limitrophe de Bron, pour arrêter un jeune voleur de voitures qui, se sentant pris au piège, s'entaille les veines et doit être conduit en urgence à l'hôpital. S'ensuit une bagarre générale. Après cette première étincelle, les mois suivants sont ponctués d'incidents. C'est l'époque des rodéos, des voitures volées qui tournent dans les quartiers de Villeurbanne, Vaulx-en-Velin et Vénissieux avant d'être incendiées. L'époque aussi de mini-guérillas avec la police.

En 1982, c'est le drame. Le vrai cette fois. Ahmed B., de Bron, est tué de trois balles dans le dos. Tout le monde dans la cité dénonce un crime raciste. Six mois plus tard, son meurtrier, interpellé, retrouve la liberté. Le 21 mars 1983, une partie du plateau des Minguettes se soulève à l'issue d'une descente policière. Après ces incidents est créé SOS Avenir Minguettes, avec l'aide de Christian Delorme, prêtre d'une ville voisine, surnommé le « curé des Minguettes ». Trois mois plus tard encore, un policier tire sur le président de l'association, Toumi D., dans des circonstances mystérieuses. Depuis son lit l'hôpital, raconte toujours *Libération*, Toumi propose d'arrêter les violences en lançant une marche pour l'égalité. Elle se transforme en marche des Beurs.

Le gouvernement réagit enfin. Une mission, Banlieues 89, est confiée à l'architecte de gauche Roland Castro. L'État investit des millions dans des réhabilitations urbaines massives. François Mitterrand va même jusqu'à nommer un ministre de la Ville. Une première.

Pourtant, la banlieue lyonnaise reste à vif. En avril 1994, à Bron, Khafif A., vingt ans, pris en chasse par la police, se tue au volant d'une voiture volée. Cinq cents habitants de Bron manifestent. Une fusillade éclate entre des policiers et les occupants d'une voiture qui forcent un barrage. Enfin, en 1996, après la mort du terroriste Khaled Kelkal, des incidents éclatent à Vaulx-en-Velin, où environ deux cents jeunes affrontent les forces de l'ordre, puis s'étendent : Givors, Vénissieux, Bron, Saint-Priest, Villeurbanne. La banlieue où est né Karim Benzema porte donc les stigmates d'un passé douloureux...

Parmi les relations « difficiles » de Benzema, certaines appartiennent au cercle amical, d'autres à la sphère familiale. Une sœur de Karim est mariée à l'un des frères de la famille la plus influente du quartier. Cela explique, entre autres, que Karim Benzema puisse se sentir comme chez lui à Bron-Terraillon, y circuler librement, sans service de sécurité et sans que personne songe à le menacer.

Parmi les amis peu fréquentables, le fameux Karim Zenati. Arrêté le 5 novembre dernier à l'aéroport de

Lyon, pour l'heure présumé innocent des faits qui lui sont reprochés, il arbore davantage le profil « d'un suiveur que d'un caïd », selon des proches. Karim Zenati, lui-même joueur de foot – « très bon attaquant » selon Bayada –, monte en grade après avoir commencé très jeune par le petit deal de quartier. En 2003, Zenati est suspecté d'avoir participé à un braquage de supérettes dans le Rhône, la Loire et l'Isère. Condamné en 2006, il « impressionne » le président de la cour d'assises de Lyon lors de son procès : « On vient des quartiers. On n'a pas les mêmes repères, déclare-t-il à l'époque. La violence, on est nés dedans, dans les cités, à l'école, on n'a pas pris conscience qu'en faisant des braquages, c'était quelque chose de grave. »

En novembre 2009, il est arrêté à nouveau, suspecté cette fois d'avoir transporté de la résine de cannabis dans un go-fast. En pleine nuit, sur l'aire d'une station-service de Portes-lès-Valence, les policiers interviennent après une course-poursuite d'une trentaine de kilomètres. Ils ne trouvent pas d'armes mais, dans le coffre, reposent ce qu'on appelle des « valises marocaines » dans le jargon policier, une importante quantité de résine de cannabis. Condamné, Zenati sort de prison en 2013.

Benzema et Zenati, ce sont deux frères, quoi qu'il arrive, à la vie, à la mort. Ils se sont connus à l'école de leur quartier d'enfance. Selon Hervé Guyenard, ex-avocat de Zenati, Benzema avait accompagné son client qui était convoqué chez le juge pour enfants, avant son affaire de braquages. Le footballeur a également rendu visite à son ami en prison. Un temps, il lui trouve un travail pour une marque de vêtements de sport. À sa sortie, il le salarie dans sa société pour 4 000 euros par mois. Zenati, père de famille, est considéré à Terraillon comme attachant. C'est aussi ça le système Benzema, la fidélité jusqu'au bout. Même si, selon un ancien avocat proche du dossier, « l'entourage de Karim Benzema donne un ensemble assez insupportable, certains profitent de sa fortune ».

Une source qui a longtemps travaillé au Terraillon a bien connu Karim Benzema : « Pris tout seul, c'était un gamin plutôt correct. Son problème, ce sont ses relations. Même si, quand on parle de ses amis d'enfance, il ne faut pas oublier que Karim a quitté très tôt le quartier en entrant au centre de formation de l'OL[1]. » Comme tous les gamins avec lesquels il a grandi, Karim Benzema est arrogant, voire provocateur vis-à-vis de ceux qu'il ne connaît pas. Et sa bande de « potes » est immuable. « Il reste un gamin de quartier blindé de pognon qui dit : "Je vous emmerde tous." Mais ce n'est pas un môme qui va chercher les problèmes. Même s'il aime se la "péter" », ajoute la même source. À Lyon, il n'hésite pas à se garer en double file pour aller s'acheter une montre à la bijouterie de luxe Maier. Les gens klaxonnent, en vain. « Il aime les boîtes où l'on ne rencontre que des mecs bizarres, explique un connaisseur de la nuit lyonnaise. Il

---

1. « L'entourage encombrant de Karim Benzema », *Paris Match*, 10 novembre 2015.

reste un gamin de la rue. » Les responsables de L'Imprévu, une discothèque située à Massieux, à une trentaine de kilomètres de Lyon, le savent bien. La place devant l'établissement lui est réservée. « Karim Benzema est déconnecté de la vie réelle et pense que tout s'achète », commente un journaliste sportif.

Gressy, le petit frère, fait parfois parler de lui. Il parade dans le quartier avec les belles voitures offertes par son frère. Il fréquente une bande de Vaulx-en-Velin, joue au football. De son côté, l'une des sœurs aurait pu entrer en équipe de France de basket. Karim, proche de ses sœurs, cède à l'une d'entre elles la voiture offerte par l'OL en 2008, après la victoire en Coupe de France face au PSG (1-0). Il a également pris des parts dans un restaurant asiatique avec ses beaux-frères, au centre commercial des Sept Chemins à Bron, près de son quartier.

Karim Benzema a les moyens de gâter ses proches, et, parfois, de les sortir des galères dans lesquelles ils se sont embarqués ou de les aider dans des circonstances difficiles. En 2013, sept de ses copains sont victimes d'un tragique accident de voiture. L'un d'entre eux décède. Karim Benzema paie les funérailles en Algérie et aide financièrement le conducteur, qui roulait sans assurance.

En dépit de la fidélité de Karim Benzema dans certaines enquêtes publiées au fil des années, des proches se lâchent, sous couvert d'anonymat. Ils estiment que la stature internationale de Benzema lui impose un comportement adéquat. Pour eux, il devrait s'exonérer des pressions du quartier, du type : « Tu te rappelles quand on était petits, tu ne vas pas changer... » Les joueurs font dans l'ensemble confiance à leurs amis d'enfance, pour échapper aux profiteurs qui gangrènent le football, attirés par leur notoriété nouvelle. Le quartier, c'est le refuge, même s'il rime aussi avec délinquance, bandes...

Cette culture de la cité, des amis « bad boys », a aussi conduit Benzema vers des choix musicaux très tranchés. À peine sorti de l'adolescence, éloigné de sa famille par le football, il tente de trouver un nouveau père ou un nouveau frère. Son agent, Karim Djaziri, fin psychologue, voit bien que Karim s'isole. Il lui demande alors : « Qui aimerais-tu rencontrer, en dehors du monde du football ? Quelqu'un que tu admires vraiment... » Le jeune joueur sourit, ses yeux s'éclairent soudain, et il répond : « Rohff ! » Depuis la parution de son premier album solo, *Le Code de l'honneur*, en 1999, Rohff, chantre du hip-hop hexagonal, est l'un des rares artistes français dont chaque opus se vend à au moins deux cent cinquante mille exemplaires.

L'Équipe Magazine raconte, le 16 février 2008, comment s'est construite une véritable amitié entre le chanteur et le jeune footballeur. Elle remonte à 2004, alors que le joueur, âgé de seize ans, est pensionnaire du centre de formation de l'OL. Karim est déjà complètement obsédé par le foot et son agent cherche à l'ouvrir sur d'autres centres d'intérêt pour forger son caractère. Le jeune joueur lui confie qu'il est fan de Rohff, de son personnage et de sa musique. Dans ses périodes de blessures, aussi bien psychologiques que physiques, et même pendant ses séances de musculation, il écoute Rohff en boucle...

En 2007, quand Rohff a des ennuis judiciaires, Benzema l'épaule dans l'adversité et lui écrit en prison. Il lui promet de lui dédicacer ses buts et lui envoie même un jour une carte postale avec une Ferrari, depuis l'Espagne. Les gros bolides, sa troisième passion, après le football et Rohff... Devenu star au Real, il achètera une Bugatti Veyron estimée à 2 millions d'euros. Il raconte à Turbo.fr posséder cinq ou six voitures, dont une Mercedes McLaren SLR, une Ferrari 599 GTB Fiorano. Rohff, qui, contacté *via* son avocat, n'a pas souhaité nous répondre, improvise en remerciement pour son ami Benzema des paroles sur le foot, à la suite d'un défi lancé par Djaziri. Quelques lignes sont griffonnées, dont voici un extrait : « Autant de tacles d'obstacles, j'ai pas eu le bac mais j'attaque, j'assure le spectacle, plus d'un but dans mon sac, quatre joueurs pour me charger, fusil à pompe dans les crampons prêt à décharger. » Ce texte sera réutilisé pour accompagner un documentaire entièrement consacré à Benzema.

Les deux stars s'éloignent ensuite l'une de l'autre. Benzema perd son « grand frère ». Décidément, rien ne vaut la famille, le premier cercle.

4.

Kabylie et Oran, mes amours

Chez les Benzema, on ne renie pas ses origines, au contraire. Karim possède un point commun avec Zinedine Zidane : tous deux sont issus de l'immigration et leur père kabyle a quitté la même région de Béjaïa. Les deux villages ne sont éloignés que de trente kilomètres. Dans cette région accidentée de Kabylie s'étire une zone d'une centaine de kilomètres que l'on pourrait baptiser le « corridor des footballeurs ». En effet, aux deux villages s'ajoute Barbacha, la commune de naissance du père de Samir Nasri, et Aokas où réside la famille de Karim Ziani. « Chaque jour, je pense à mes origines et je suis fier de qui je suis, premièrement un Kabyle de La Castellane, deuxièmement un Algérien de Marseille et, bien entendu, un Français[1] », affirme Zidane.

---
1. Déclarations à AS.com, 4 juillet 2009.

Le journal algérien *El Watan* raconte le périple familial des Benzema. Tighzert, le berceau de la famille, est un petit hameau de la basse Kabylie, à soixante-dix kilomètres au sud-est de Béjaïa. Le paysage est magnifique, montagneux et accidenté, sauvage. Mais beaucoup de familles ont dû quitter ce beau pays. « La misère a conduit vers la France beaucoup de chefs de famille en quête de survie pendant et après l'occupation française », écrit *El Watan*.

L'attaquant des Bleus, de père kabyle et de mère oranaise, est né à Lyon. Son grand-père, Da Lakehal Benzema, a quitté le village à destination de la France en 1958 avec ses enfants, dont le père de Karim, Hafid, alors âgé de sept ans.

Le berceau des Benzema se situe sur l'une des rares étendues plates, posée au pied d'une montagne, longée par un ravin qui lui donne son nom, protégée par les monts Assamer, Hidja et Atmos et ouverte sur la chaîne des Babors. Lors de son reportage, le journaliste algérien rencontre un certain... Karim Benzema, homonyme et cousin de la star, devenu lui aussi une petite vedette locale. À Tighzert, les Benzema et les autres jeunes vibrent à chacun des exploits de l'attaquant. D'ailleurs, dans le village, le foot représente, comme en banlieue lyonnaise, une échappatoire. Mais Karim Benzema, comme la plupart des immigrés de la troisième génération, revient très rarement au bled.

Quand Benzema ne va pas à l'Algérie, c'est l'Algérie qui vient à lui, parfois contre son gré... C'est en provenance du berceau familial qu'une autre rumeur agite la toile il y a quelques années, ciblant directement la ville de Bron. Le 27 mars 2013, le site Internet algérien lebuteur.com diffuse une information selon laquelle Benzema aurait donné 3 millions d'euros pour un projet de mosquée à Bron. Le journal local *Le Progrès* veut bien entendu vérifier cette « information », reprise en boucle sur les réseaux sociaux et de nombreux sites.

Verdict ? Personne n'a jamais vu la couleur de ce prétendu don. Quatre projets de mosquées sont en cours dans l'agglomération de Lyon : pour trois d'entre eux, le budget n'excède pas 1,5 million d'euros et, pour le quatrième, il atteint 5 millions d'euros. La rumeur d'un don de Benzema est démentie par tous les responsables de ces futures mosquées, qui expliquent rencontrer les plus grandes difficultés pour réunir les sommes nécessaires. « Mais si seulement il pouvait nous aider, on serait ravis… », glisse anonymement et avec humour l'un des responsables de la communauté.

Le 29 décembre 2005, le journal algérien *Le Buteur* se déplace à la rencontre de la star à Bron. Une nouvelle rumeur court : Benzema, qui n'a pas encore joué pour les Bleus, pourrait évoluer sous les couleurs nationales algériennes. Les reporters veulent confirmer ou infirmer cette « information ». À l'époque, déjà, la jeune star apprend à surveiller ses propos pour ménager toutes les susceptibilités, algériennes comme françaises. Lorsqu'un journaliste lui pose une question piège, tentant de savoir s'il se considère comme un exemple pour les jeunes Maghrébins, le joueur précise à chaque fois que son image ne concerne pas les seuls Maghrébins, mais qu'il s'identifie à tous les jeunes Français.

Comme le raconte *Le Buteur* dans son excellent reportage, dans lequel Benzema se livre comme rarement sur ces sujets, les journalistes algériens débarquant à Bron bénéficient d'un coup de chance en ce froid dimanche de décembre 2005. Ils tombent directement sur Karim Benzema, venu voir les petits jouer sur le terrain de football du quartier. L'attaquant, comme d'habitude très prudent, explique d'abord qu'il ne peut pas trop s'exprimer puis, au bout de quelques minutes, il se livre : « Je vais venir en Algérie fin mai ou début juin prochain. Cette fois, c'est très sérieux. Mais il n'y a pas que la Kabylie dans ma vie. Certes, mon père est de Béjaïa et j'aime bien la Kabylie. J'ai beaucoup de cousins là-bas, mais il ne faut pas oublier que ma mère est d'Oran et que j'ai plein de cousins aussi à l'ouest du pays. Je ferai un saut avec mes potes à Tiaret, Relizane, Saïda, Mostaganem et bien sûr Wahran, la ville de ma mère. Vous pouvez l'annoncer sans problème... »

Benzema, qui n'a alors que dix-huit ans, sautille sur place comme pour montrer son impatience ou pour se réchauffer dans le froid glacial. Les journalistes abordent le sujet sensible qui les mène en France. Benzema peut-il choisir de jouer pour l'Algérie ? Il répond par la négative avec une extrême diplomatie. Il explique notamment que les responsables de la Fédération algérienne sont venus bien tard. Trop tard...

Dans le reportage, les Benzema sont décrits comme discrets, simples et pieux. La famille se rend à la mosquée le vendredi. « Un islam familial », nous indique un journaliste qui connaît bien Benzema. « La religion est importante pour eux », assure un dirigeant du monde du football lors de notre rencontre. Karim ne boit pas d'alcool, ne mange pas de porc. Les Benzema sont totalement intégrés. Ils incarnent une famille française de ce point de vue « exemplaire ». Ils sont très à cheval sur les principes, ne causent aucun problème dans le quartier. « Ils me rappellent les enfants d'Algérie que j'ai connus autrefois, explique Henri Bayada au *Buteur*. Ils disent bonjour les premiers et ont un respect total pour les adultes. Ce sont des choses qui se perdent de nos jours. Surtout dans les banlieues comme la nôtre. Ils sont tous adorables, les Benzema. Les grands-parents, les parents et les enfants. »

La communauté algérienne est très importante à Terraillon et beaucoup de jeunes ont du mal à vivre leur « double culture ». Il en va de même avec les jeunes footballeurs issus des quartiers qui doivent gérer, en outre, leur notoriété. « En France, les gens ne considèrent les Maghrébins comme des Français que s'ils deviennent célèbres ! C'est seulement là que l'intégration devient réelle. Pour nous qui sommes anonymes, on restera toujours des étrangers qui viennent manger le pain des Français tant qu'on ne fait pas partie des "people" », regrette un jeune de Terraillon.

Avant de devenir le symbole de la réussite des enfants issus de l'émigration algérienne en France, Zidane lui aussi a vécu durement sa double « identité ». Au début de sa carrière en équipe de France, certains Algériens lui en voulaient beaucoup, et certains Français ne l'avaient pas encore accepté. Mais, après la Coupe du monde 1998 et son statut de star mondiale, l'Algérie entière aspirait à le récupérer. Même Bouteflika lui a déroulé le tapis rouge. Quelques années plus tard, Karim Benzema se heurte à la même problèmatique. Un exemple d'intégration, confronté aux délicats compromis induits par la double culture.

5.

Exfiltré

Bron, le Bron des Benzema, il faut l'aimer, mais aussi le quitter. Nécessairement. C'est en tout cas la certitude du père de Karim, Hafid, qui a connu lui-même une période très délicate dans sa vie. Trop d'aléas, trop de risques, trop de tentations. Karim le sent, confusément. Ses parents le savent, distinctement.

Robert Valette, ex-entraîneur de l'équipe de CFA de l'Olympique lyonnais (Championnat de France amateur, quatrième niveau national fréquenté par les réserves des formations professionnelles), relie l'envol de Benzema à son exil volontaire. « Karim s'est dépouponné lorsqu'on l'a retiré de Bron, nous indique-t-il en juillet 2015. Il a changé de vie. Il était soumis aux influences plus ou moins bonnes des gens de son quartier qui tournaient autour de lui. C'est l'un des quartiers les plus chauds de Lyon avec Vaulx-en-Velin et les Minguettes. Le père disait que son fils avait du mal et nous a sollicités pour le sortir de là. On l'a fait, il a réussi. »

Pour mener l'opération d'exfiltration, Hafid Benzema se tourne en 2002 vers Gérard Bonneau, aujourd'hui encore responsable de la cellule recrutement des jeunes de l'OL. « Bron n'est pas le quartier le plus facile, commente Bonneau le 7 juillet 2015. Le père s'est dit que ça éviterait à Karim de commettre des bêtises[1]. » Hafid est inquiet. Il refuse que son fils devienne un voyou. Dans les quartiers, si on grandit auprès de quelqu'un, le respect perdure au-delà des années, des changements de statuts, d'horizons. Les Benzema souhaitent se prémunir d'éventuelles dérives. Avec Bonneau, ils activent donc la fibre locale.

Le spécialiste ès jeunes pousses footballistiques a auparavant joué avec Farid, un oncle de Karim, à Villeurbanne. Il connaît sa tante. Il voit Karim grandir et débuter en poussin en 1996, il le repère au tournoi de Bron. Puis Benzema, après quelques mois dans l'équipe locale, inscrit un doublé face aux poussins de Lyon (2-1) lors du tournoi de Saint-Fons. « J'avais fait des détections régionales et brillé en marquant deux buts contre les poussins de l'OL, se souvient Benzema dans *Footcitoyen*. À l'époque, ils étaient redoutables. » L'un de ses deux buts frappe durablement les esprits.

À l'époque, c'est Fernand Ferrari qui s'occupe des footballeurs en herbe de l'OL. Ferrari n'a rien oublié : « Pendant que je préparais mes gamins, j'ai vu un tout petit "merdeux". Il jonglait un ballon de toutes les manières :

---

1. Entretien avec les auteurs.

pied droit, pied gauche, les épaules, la tête. On fait le match, on gagne 4-2 et c'était le seul qui avait émergé des quatorze gamins. On finit le match, je vais voir monsieur Benzema père et je lui demande si ça l'intéresse de l'amener aux entraînements de la semaine suivante. Coco, il m'a ébloui tout de suite. J'en ai connu des gamins. Mais lui, quand je ferme les yeux, je le vois, je vois mon Karim[1]. » En coach avisé, il réagit immédiatement, évoque avec l'entraîneur de Bron, puis avec Hafid, la possibilité de mettre sur pied un essai à Lyon pour Karim. L'idée séduit tout le monde. Le – court – forcing paie. À l'issue d'une détection à Gerland sur le terrain numéro 10, Benzema « flambe ». Il est engagé. « J'ai signé chez eux pour la saison suivante », poursuit-il. Il a neuf ans.

Les jeunes pousses lyonnaises remportent la Coupe BNP à Paris, la Coupe nationale des poussins en 1997 et brillent en Championnat de France. Bonneau, qui dirige alors les jeunes de la catégorie cadets et le sport-études, regarde parfois jouer cette « super-équipe de poussins ». Les éducateurs constatent d'emblée le potentiel de la Génération 87, dont la France du football va entendre parler pendant des années, pas toujours de manière flatteuse. Souvent, le mercredi, les réunions sont consacrées à ces artistes en herbe. Bonneau change d'horizon, quitte l'OL pour le poste de conseiller technique fédéral dans le Rhône, entraîne La Duchère, l'équipe ambitieuse d'un quartier de Lyon. Il

---

1. « Voyage à Lyon sur les traces de Benzema », France Info, 30 juin 2014.

réintègre le giron de l'OL en 2000, chargé du recrutement des jeunes. Benzema file alors sur ses treize ans. Les formateurs lui apprennent à gérer sa semaine, rythmée par sept entraînements. Karim commence à appréhender les divers paramètres d'un environnement dédié à une future carrière. Bonneau garde un œil sur lui.

Deux ans plus tard, la décision prise par Hafid – solliciter Bonneau pour qu'il aide Karim à quitter Bron – va définitivement changer l'existence de toute la famille. Monsieur Benzema père force sa nature : « Peux-tu faire entrer Karim à l'internat du centre, afin qu'il soit dans un environnement plus favorable ? » Bonneau enregistre la demande paternelle mais sait sa marge de manœuvre étroite. En effet, les règles de l'internat s'écrivent en capitales : pour être admis à résider à Tola-Vologe, il faut habiter à plus de quarante kilomètres de Lyon. Or, Bron se situe juste de l'autre côté du tunnel de Fourvière, à trois kilomètres à vol d'oiseau.

Bonneau entame une mission diplomatique. Périlleuse, car si une dérogation est accordée, par essence, l'édifice entier risque de vaciller. Si l'on cède, d'autres vont se ruer dans la brèche ainsi ouverte. Bonneau ne tergiverse pas : il avise Alain Thiry, sous l'égide duquel il travaille de 2000 à 2003 avant de devenir numéro 1, afin que celui-ci alerte le tout puissant José Broissart. Cet ancien milieu de terrain, dix fois international, a intégré l'encadrement lyonnais après sa carrière, avant de diriger le centre de formation jusqu'au milieu des années 2000. Finalement, les responsables lyonnais réfléchissent et décident d'accorder une dérogation exceptionnelle à un joueur exceptionnel. Judicieux choix collectif... « Nous étions face à une démarche personnelle du père et du fils en vue de la réalisation d'un projet, se souvient Gérard Bonneau. Le but du père était de donner plus de chances encore à son fils. À quinze-seize ans, Karim avait déjà une construction professionnelle en tête. Nous avons fait un deal avec lui, il n'a eu aucun problème à l'internat[1]. »

Le visage de Bonneau, personnage du football, affable et passionné, s'illumine à l'été 2015, alors qu'il nous raconte qu'au terme d'une opération soigneusement préparée et promptement exécutée il a recruté un adolescent de treize ans de Sarcelles, un club d'Île-de-France, dont le profil d'attaquant de couloir manquait dans sa catégorie d'âge à l'OL. Un succès pour la formation à la lyonnaise. Celle-là même qui a misé sur Benzema dans un projet au long cours, un pari largement gagné. L'enfant de Bron a été placé, au sein du cocon OL, dans les meilleures dispositions pour réussir. Bonneau sort rarement de son vaste territoire rhodanien où les talents pullulent – et où Saint-Étienne et Évian-Thonon-Gaillard prospectent également –, sauf pour séduire une perle rare. « Tous les Parisiens qui ont signé chez nous sont devenus professionnels, à Lyon ou ailleurs », se félicite-t-il. Pas facile pour Lyon de devancer le PSG ou d'autres clubs aux réseaux acérés en Île-de-France. Bonneau, bien renseigné

---

1. Entretien avec les auteurs.

et malin, agit avec discernement. À Sarcelles, il a parlé à des parents attentifs et réceptifs à son discours. En général, il ne promet rien financièrement, mais dessine un plan de carrière cohérent. Il sait repousser la cupidité d'agents déjà prompts à jongler avec des sommes folles et à hypnotiser des parents confrontés au miroir aux alouettes. Souvent, selon Gérard Bonneau, les jeunes qui en « veulent » le plus, qui s'entraînent inlassablement pour s'améliorer, proviennent de milieux modestes ou sont issus de l'immigration, comme Karim Benzema. « C'est pour eux le moyen de s'en sortir, estime l'éducateur. Ils se posent des questions : "Si je travaille à l'école, aurais-je un emploi ? Alors que si je deviens un grand sportif, ou un chanteur, le regard sur moi sera différent... Et, financièrement, tout changera." Ils se battent pour réussir, car le football peut leur offrir la reconnaissance publique et médiatique. Un immense écueil découle parfois de cette situation. Les parents du jeune le starifient et lui confèrent, à douze ou treize ans, des responsabilités dignes d'un chef de famille. Il y a quelques mois, dans un grand club professionnel français, les responsables de la formation, atterrés, ont vu un père s'en prendre violemment à son fils qui n'était pas conservé au sein de l'effectif. L'homme, hors de lui, en est presque venu aux mains avec les techniciens[1]... »

À la moindre contrariété, les familles cèdent à la tentation : croire celui qui leur promet un futur glorieux et rémunérateur. Certains conseillers occultes profitent

---

1. Entretien avec les auteurs.

de leur proximité avec des parents issus de quartiers, facilement influençables, crédules, peu au fait des règles en vigueur dans le monde du football professionnel. Ils usent de leurs liens avec les grands frères des cités pour prendre un jeune sous leur égide et séduire ses parents. Ils servent ensuite tout simplement de rabatteurs pour des clubs à l'affût. Sur les terrains d'Île-de-France, le week-end, des agents débutants, spécialisés dans les catégories de jeunes, espèrent détecter une future star. Alors que la licence d'agent disparaît, la Fédération française aimerait la maintenir pour éviter les abus et garantir un cadre strict. Mais certains se moquent de ce vœu pieux. Ils tentent de se faire un nom en prenant contact avec des adolescents de treize ans, en convainquant leurs parents de les mandater comme représentant exclusif. Une pratique moralement et juridiquement répréhensible.

En effet, seuls les joueurs majeurs peuvent signer un contrat avec un agent. Mais, avant leur majorité, les futures – potentielles – stars tombent parfois sous la coupe de ces conseillers capables de vaincre les résistances des parents. Certains, avides, démarchent des clubs et réclament ensuite, en cas de succès, une somme d'argent ou un pourcentage sur la signature d'un contrat professionnel. Mais, en attendant de gagner – éventuellement – des sommes folles, les joueurs sont soumis à un barème. Pour les aspirants, les sommes sont en effet fixées par une charte : 495 euros brut mensuels l'année préparatoire (seize ans), 566 euros la première année (dix-sept ans), 707 euros la suivante (dix-huit ans). Mais il s'agit là d'un minimum. « Si les grands clubs européens se livrent à une surenchère, la somme peut atteindre des milliers d'euros, raconte un spécialiste des transferts. D'autre part, quand un jeune intègre un centre de formation, le club verse parfois aux parents une prime à la signature considérable. D'autres stratégies se juxtaposent à celle du versement de cette prime. Les clubs offrent aux parents un travail dans le cadre d'un regroupement familial footballistique[1]. » Selon plusieurs sources, il s'agit parfois tout simplement d'un emploi fictif.

En juillet 2015, *Le Parisien* révèle que le PSG va engager un phénomène alors âgé de douze ans, Kays Ruiz, originaire de Lyon. L'OL a tenté d'enrôler ce dribbleur déjà très prisé par les utilisateurs de réseaux sociaux sur lesquels circulent ses vidéos. Il a signé dès l'âge de sept ans à Barcelone, mais le club a été sanctionné par la Fifa pour ses pratiques liées aux transferts de mineurs. Kays Ruiz, privé de compétition, a donc cherché un nouveau club et Nasser Al-Khelaïfi, président du PSG, a flairé l'opportunité. Il a d'ailleurs renforcé cette saison le secteur de la formation. Les grands clubs élaborent tous des stratégies millimétrées pour recruter de jeunes talents. Les entraîneurs de district alertent eux-mêmes leurs homologues plus huppés lorsqu'ils comptent dans leurs rangs un « phénomène ». Certaines équipes très organisées et hiérarchisées, notamment en Angleterre ou au Portugal, salarient officiellement des scouts, des

---

1. Entretien avec les auteurs.

observateurs-recruteurs. Ils rédigent des rapports, des fiches détaillées.

Bonneau, lui, se méfie des entourages mercantiles. À soixante et un ans, il maîtrise son abécédaire du football sur le bout des doigts. Et sait qu'à la lettre A Argent peut régner en maître. Il adopte une méthode brevetée : ne rien rater au niveau régional, même si parfois l'ombre d'un faux pas s'étire dangereusement. Ainsi, Bonneau a « ramené », selon ses propres termes, Nabil Fekir, désormais international, dans les filets lyonnais, alors que le joueur était sorti de la galaxie OL. « On a bien fait de le prendre », sourit-il. Fekir, promis au plus bel avenir malgré sa récente blessure, suit un cheminement sinusoïdal. Né en juillet 1993, il grandit dans le quartier Jacques-Monod de Villeurbanne, est remarqué par l'OL à treize ans. Mais il ne perce pas, pour diverses raisons, et retente sa chance dans d'autres clubs, à quinze ans. Il attire de nouveau l'œil de l'OL plus tard, revient en 2011-2012 et brille en CFA avant de signer un contrat stagiaire d'un an. Oui, Bonneau a bien fait de le « ramener ».

Au-delà de la Région Rhône-Alpes, les équipes de France U16, U17, U18 (Under 16, 17, 18, soit moins de 16, de 17, de 18 ans, l'appellation officielle des catégories d'âge) sont suivies. Lyon regarde aussi vers le nord, jusqu'à Paris, et vers le sud, en direction de Marseille. Bien entendu, engager un joueur de douze ans est plus risqué qu'un espoir de seize ans. Mais aussi plus facile, car la concurrence n'atteint pas la même intensité. Nombre de formations professionnelles françaises « espionnent » désormais les adolescents et la concurrence s'exacerbe à partir de quinze ans. Gérard Bonneau et son équipe organisent également des journées de détection pour les onze ans, afin de débusquer les meilleurs éléments. Les prestations sont analysées, un fichier régional permet de mailler le territoire. Lyon « drague » à l'étranger pour les seize-dix-huit ans, afin de réactualiser en permanence ses repères relatifs au niveau des espoirs européens. Bonneau échange régulièrement avec l'ancien avant-centre du club Florian Maurice, devenu responsable du recrutement des pros. Ce même Maurice auquel Benzema a remis un bouquet en 1997 lorsqu'il a quitté l'OL en compagnie de Franck Gava...

En 2015, Lyon s'intéresse ainsi à un jeune Norvégien. Le club reçoit d'abord une information fiable au sujet de cet élément moteur de l'équipe U17 norvégienne et lance l'offensive. Les éducateurs lyonnais regardent des DVD de ses prestations, l'invitent une semaine. Florian Maurice est sensibilisé. Il apprécie lui aussi le joueur, qui effectue un test. Le directeur du centre de formation participe à la réflexion collective. Le président du club, Jean-Michel Aulas, est sollicité pour le volet financier, lorsqu'il faut verser une indemnité de formation au club d'origine ou déterminer le montant de l'indemnisation sur un futur transfert. Vincent Ponsot, directeur général adjoint juridique et ressources humaines, mène les opérations en liaison avec les recruteurs. Puis le directeur financier présente à Aulas le projet global afin d'obtenir son feu vert. À Lyon, Jean-Michel Aulas dispense une autorité incontestée depuis 1987. Tant au sein du conseil d'administration de l'OL Groupe, qui compte treize administrateurs dont Jérôme Seydoux, qu'en matière de gouvernance effective, le PDG règne en maître.

La chaîne de recrutement de jeunes estampillée OL obtient d'excellents résultats. Pas par enchantement, mais par la grâce d'un savoir-faire. Karim Benzema ou Alexandre Lacazette représentent les fleurons de cet engagement au long cours. Lyon n'achète plus que sporadiquement des stars. Mieux vaut les former et les transférer ensuite lorsque les plus grands clubs européens proposent aux joueurs des salaires mirobolants et à l'OL une somme qui procure à ses finances une bouffée d'oxygène. Si l'on vend au bon moment, lorsque le joueur a accompli son temps et son œuvre à Lyon et que sa valeur marchande atteint son apogée, c'est le jackpot assuré. Un président comme Aulas doit savoir acheter, mais aussi savoir « vendre ».

Alors que le football français est régulièrement pillé par ses voisins européens aussi fortunés – notamment l'Angleterre gavée de faramineux droits télé – que dispendieux, il doit en permanence s'en remettre au renouvellement des générations. Mais celui-ci n'a rien d'automatique et les clubs comme Lyon, notamment, n'ont pas le droit de relâcher une seule saison leur efforts en matière de formation. Considéré comme le deuxième meilleur formateur européen après Barcelone et sa fameuse Masia, d'où sortent des jeunes imprégnés de l'esprit et du style de jeu de la maison *blaugrana*, Lyon s'active tous azimuts. Une méthode qui s'accompagne certes de recrutements extrinsèques, par exemple grâce à une filière développée au Brésil, mais qui permet à Lyon de réaliser de lucratifs retours sur le faible investissement initial. Faible ou nul, car, la majeure partie du temps, Lyon ne débourse pas d'argent. L'exception ? Le prodige Hatem Ben Arfa, engagé par l'OL pour 130 000 euros alors qu'il évolue dans le cadre de Clairefontaine, arrive à Lyon en 2002. « C'est la première fois qu'on investissait sur un jeune », se souvient Bernard Lacombe, le conseiller du président Aulas. À l'époque, tous les clubs français se l'arrachent. L'un est même prêt à proposer aux parents de leur offrir un commerce...

Les cessions des pépites de la maison OL, à l'instar du transfert de Benzema au Real, permettent au club de se reconstruire, se réinventer, se régénérer sans cesse. Former pour (sur)vivre, former avant d'être dépouillé, former pour que d'autres en profitent. Cruelle et sempiternelle équation du football hexagonal. D'où l'extrême importance, pour l'OL, de la bande à Bonneau composée d'une vingtaine de membres. Elle déploie depuis des années une éthique en guise de colonne vertébrale, un fil conducteur qui permet à l'OL de véhiculer d'immuables valeurs. Ici, les jeunes joueurs ne sont pas considérés comme des produits à forte valeur ajoutée qu'il faudra obligatoirement « vendre » – un terme barbare –, mais comme des jeunes à éduquer footballistiquement et à guider vers l'apprentissage de la vie, de la citoyenneté.

Avant de recruter, les Lyonnais observent la famille, l'entourage, placent l'« humain » au centre de l'échiquier. Ils définissent pour chaque élément un projet scolaire. Hatem Ben Arfa a ainsi stoppé sa scolarité classique très tôt. Le club a alors tout simplement adapté un cursus scolaire pour sa pépite. L'autre bijou, Karim Benzema, a lui aussi été suivi de près tout au long de sa scolarité. La pédagogie fait partie intégrante de l'apprentissage d'un jeune footballeur. Même si les centres de formation sont parfois décriés, car ils forment davantage des footballeurs que des « hommes », celui de l'OL tente en permanence de concilier les deux impératifs.

Benzema a, dès l'adolescence, affiché une maturité supérieure à celle de Ben Arfa, son tumultueux alter ego de la génération 87. Son apprentissage le mène au collège privé catholique Saint-Louis-Saint-Bruno à Lyon. Ses parents ont préféré cet établissement au collège public de Terraillon pour protéger leur fils. « En classe, il ne faisait pas d'étincelles, pas de vagues non plus, assure dans *So Foot* en 2007 son instituteur de l'époque, monsieur Rage. Karim était discret, respectueux et à l'écoute. » Benzema se souvient : « On était les mecs de l'OL, alors les profs ils faisaient des réflexions bizarres. Mais y avait pas trop de bourges dans la classe. Y avait des fous, pas que des mecs droits. Dans ma famille, ils sont forts à l'école. Sur les quatre plus grands que moi, il y en a trois qui ont le bac[1]. »

---

1. *So Foot,* n° 48, octobre 2007.

Au long des études de Karim, de la fin des années 1990 au tournant des années 2000, une constante : la figure tutélaire du père. Hafid brille par sa présence, mais manifeste du respect, voire de la déférence, à l'égard des éducateurs. Pour « éviter d'éventuelles dérives » du jeune homme, selon les paroles de Bonneau, le club garde un contact étroit avec son oncle, Farid, et avec son père. Ce dernier n'outrepasse jamais son rôle, ne sombre ni dans l'interventionnisme exacerbé ni dans l'impatience délirante. Il délègue la formation aux éducateurs du club. Et, surtout, il parle à l'oreille de Karim et celui-ci l'écoute. Les responsables lyonnais de l'époque se souviennent tous des difficultés à échanger avec ce garçon peu loquace, même s'il se construit petit à petit. Puis, au fil des années au centre de formation, Benzema s'ouvre. Il saisit sa chance. Il participe à l'éclosion d'une génération talentueuse.

6.

Le revanchard

Rémy Riou, pur produit de l'OL, qui a obtenu son bac ES en candidat libre, est né le 6 août 1987. La même année que Karim Benzema. Il le côtoie pendant dix ans au long de leur aventure commune dans les équipes de jeunes. Riou n'atteint pas le sommet dans son club formateur. Gardien de but de l'équipe réserve de Lyon, il est prêté à Lorient lors de la saison 2006-2007. Parti à Auxerre en 2007, il signe ensuite à Toulouse en 2011, avant d'aider Nantes à remonter en L1 en 2012-2013 et de s'installer comme titulaire dans le but du FCNA. Sur son CV, Riou peut revendiquer des records de précocité et pas seulement parce qu'il a détenu le titre honorifique de plus jeune gardien de L1 lors de son prêt à Lorient. Riou a tout simplement été repéré à… sept ans, lors d'un tournoi poussins organisé par le CS Fontaines, club d'origine de Bernard Lacombe.

« Lyon s'est montré très intéressé par mon profil », nous raconte-t-il lors d'une conversation téléphonique à l'été 2015. L'OL détecte chez lui d'impressionnantes qualités. Le club exerce un forcing auprès de ses parents afin d'obtenir leur accord. Le gardien, alors en primaire, participe à une détection avec plusieurs joueurs de la région et est bientôt intégré à l'effectif lyonnais. Il arrive un an avant Benzema, qui le rejoint dans sa même catégorie d'âge. Les deux poussins, devenus adolescents, ne se quittent plus jusqu'à l'équipe professionnelle. Leurs familles assistent ensemble aux matches. « Tout le monde se retrouve ensuite pour faire la fête chez les uns ou chez les autres. »

Benzema, Riou et deux autres jeunes pousses – Julien Faussurier, né à Lyon le 14 janvier 1987, milieu de terrain resté à l'OL de 1997 à 2007 avant de signer à Troyes puis à Sochaux, et Sandy Paillot – vont former la bande des quatre de l'OL. Paillot, fils de footballeur, membre de la génération 87 – il est né le 27 février de cette année-là – évolue au poste de défenseur central. Ce grand gabarit signe son premier contrat pro en faveur de l'OL en 2007, joue avec l'équipe première puis est prêté à Grenoble Foot 38 en Ligue 2, avant de s'y engager pour quatre saisons. Mais les feux de la rampe s'éteignent et le défenseur rejoint Épinal en National, écartant d'ailleurs (il est remplaçant) Lyon en Coupe de France en janvier 2013 (3-3, 4 tirs au but à 2). Lui qui a remporté le Festival Espoirs de Toulon en 2007 sous le maillot bleu ne confirme guère son potentiel.

Au fil des destinées individuelles brillantes ou en clair-obscur, la bande des quatre se disloque. Faussurier et Riou conservent des relations amicales, le second étant le témoin de mariage du premier. Si désormais les liens de Riou se sont distendus avec Benzema, dont il salue avec plaisir la maman lorsqu'il la croise dans la région lyonnaise comme en juin 2015, le gardien de but a suivi toute l'évolution de carrière de son ami de jeunesse. Chez les professionnels, il a affronté Benzema et a encaissé un but de sa part.

Mais, avant sa séparation, la bande des quatre a connu des heures glorieuses. Le quatuor participe à de nombreuses aventures communes. Riou se rappelle un Benzema déjà serial buteur « quand il était petit » au sein d'une « grosse génération » de joueurs. Il garde le souvenir précis d'un garçon discret, respectueux, avec un père le suivant de très près et le recadrant si nécessaire. Une figure paternelle réconfortante, selon Riou. Une présence indispensable, aussi : « Karim vient d'un quartier difficile où l'on peut partir en cacahouète. »

À quinze ans, Benzema s'intègre parfaitement au groupe des pensionnaires du centre de formation de Tola-Vologe, ne récolte aucune punition individuelle. Parfois, les jeunes chahutent entre eux malgré les règles strictes (coucher à 22 heures 30) édictées pour les vingt pensionnaires. Ils s'entraînent et suivent aussi des cours magistraux en salle d'études. Un emploi du temps chargé. Quelques sanctions collectives tombent, comme des privations de sorties le week-end. Benzema les accepte sans rechigner.

Il passe trois ans comme interne, étudie au collège Jean-Moulin de Gerland en sport-études et partage sa chambre avec Lamine Gassama. Les terrains d'entraînement bordent le centre. La réputation naissante de Karim le place au cœur des conversations entre éducateurs. Il s'épanouit sur les bancs, ou plutôt les pelouses, de la préformation. Il ne rentre chez lui que pendant les vacances. Il marque déjà des buts, mais le fait d'être né en décembre 1987 le handicape physiologiquement par rapport à ses coéquipiers nés en début d'année. Il a pratiquement un an de retard. Fort de cette « jurisprudence Benzema », Gérard Bonneau porte désormais un regard différent sur les jeunes footballeurs de fin d'année et se garde de jugement définitif.

Entre seize et dix-sept ans, Benzema gagne douze centimètres et grossit de six kilos. Il modifie son comportement sur le terrain, s'implique désormais tout au long d'un match, réussit quelques prestations qui subjuguent les entraîneurs adverses. Bonneau assiste à la métamorphose : « Désormais, on le considère comme l'un des meilleurs, il prend de l'assurance. » Son corps se forge sous la houlette du préparateur physique Guillaume Tora, qui s'occupe pendant dix ans du centre de formation (1999-2009). Ses temps de référence chronométriques s'améliorent considérablement. Ses tests d'endurance montrent des progrès indéniables. Sa prise de balle défie toujours l'entendement. Il use ses défenseurs. Malin, il multiplie les appels pour les déboussoler par son sens tactique et sa résistance physique. Parallèlement, les témoins de l'époque notent tous que l'avant-centre se dote d'une certaine assurance. Certes, il ne se mue pas en orateur, en chef de bande ou de vestiaire. Bien entendu, entamer une discussion avec lui ne relève pas de l'extrême facilité. En décembre 2003, il marque quatre buts à Sochaux et les dirigeants du Doubs tentent de l'engager, car Benzema n'a pas encore paraphé de contrat professionnel. Peine perdue. L'enfant de Bron veut grandir à Lyon.

Les « 87 » se forgent leur légende, atteignent deux fois la finale de la Coupe Gambardella, prestigieuse compétition qui réunit les équipes françaises des U19 et s'achève en lever de rideau de la finale de la Coupe de France. Lyon s'incline face à Toulouse (2-6) en 2005 – avec Benzema et Ben Arfa pour buteurs, les deux joueurs s'ignorant quasiment sur le terrain – et Strasbourg (1-3) en 2006. Benzema parsème ces deux odyssées de quelques buts de rêve. « Il nous sort de deux situations compliquées, commente Riou. Il marque un super-but contre Nîmes alors que le score est de 0-0 et que la situation se complique pour nous. Et il inscrit un coup franc l'année suivante à Alès. De toute façon, depuis tout petit, il a toujours été un génie devant le but adverse. Karim est là pour marquer[1]. »

Karim n'est pourtant pas le plus talentueux, mais il est le plus obstiné. Le plus doué pour inscrire des buts décisifs, ceux qui comptent vraiment, libèrent une équipe, offrent trois points en championnat ou une qualification en coupe. Riou, qui le connaît bien, dresse le portrait d'un Benzema revanchard dès l'adolescence. D'un « gagneur »,

---
1. Entretien avec les auteurs.

d'un joueur au caractère en acier qui ne parle pas beaucoup même s'il rigole avec ses copains. Benzema est marqué par un événement précis, un « facteur déclenchant » en forme d'énorme déception. « Il avait été piqué au vif », témoigne le gardien de but.

En effet, Benzema a connu une désillusion chez les cadets. Il aurait dû, en raison de sa qualité, être surclassé pour intégrer les cadets nationaux. Il a échoué. Riou explique : « On a fait une poule finale avec les générations 86 et 87 mélangées, et Karim n'a pas été retenu alors que nous étions les plus grands. »

La vengeance s'exerce, froide, méthodique, implacable, la saison suivante : Benzema claque plus de quarante buts, Lyon décroche le titre de champion de France de sa catégorie d'âge en 16 ans, puis en moins de 18 ans. Sous la conduite de Patrick Paillot, au début de la saison 2004-2005, Karim Benzema veut « tout péter ». L'échec initial constitue le véritable déclic dans la carrière du champion. D'un déni, il forge un destin. Il enchaîne les grandes performances, inscrit douze buts en sept matches en moins de 18 ans, enjambe les catégories d'âge, rejoint la CFA, brille en réussissant un doublé face à Forbach. En six mois, il intègre le groupe pro, côtoie les plus grands.

Robert Valette assiste à l'éclosion du super-champion. Le charismatique coach de l'équipe réserve de Lyon se replonge pour nous dans le passé, à l'été 2015 : « J'ai entraîné la CFA pendant seize saisons. Bon, la première année, je suis arrivé en cours de route. Et j'ai arrêté à soixante-deux ans. Enfin, j'ai continué jusqu'à ce qu'on m'arrête... » Dans l'équipe de Valette, Benzema ne s'attarde pas. Il enflamme les statistiques sur une durée très courte. Une vingtaine de matches, treize buts. « Exceptionnel, c'est un bien grand mot pour le qualifier », tempère toutefois l'exigeant Valette. Certes, pour lui, le centre de formation permet à Benzema d'accomplir sa « mutation » footballistique sous l'égide de l'entraîneur Armand Garrido. Avant, estime-t-il, l'attaquant « s'amusait », mais Garrido le place « sur de vrais rails » : « Armand a participé à cette mise en action de l'étoile Benzema. »

Chez les moins de 17 ans, Garrido lui a appris à se consacrer à 100 % au football, en éliminant ses scories dans le jeu et en se focalisant sur sa carrière. Il stigmatise parfois son engagement défaillant. D'autres, moins tendres, déplorent une propension à la nonchalance, au dilettantisme, voire à la suffisance. À la dispersion, également. Valette s'en souvient : « Armand a dit à Karim : "Arrête avec tout ça, avec ceux qui tournent autour de toi." Ses potes du quartier, ils ne sont plus là... Certains sont enfermés. » Dans un article du *Journal du dimanche* début 2006, Benzema en convient : « Mes parents avaient peur que je dérive, que je me laisse entraîner si je restais au quartier. D'ailleurs, tous mes potes ont dévié. »

À l'époque, Benzema promet beaucoup, mais les techniciens ne le considèrent pas encore comme le meilleur. Certains de ses coéquipiers disposent de qualités supérieures. Benzema n'est pas encensé après chaque rencontre. Cependant, sa volonté de fer commence à impressionner. « Et ça, on l'a ou on ne l'a pas », certifie Valette. Garrido met l'accent sur le caractère calme et discret de Karim.

Frédéric Guerra, qui habite aujourd'hui Chassieu, une commune de dix mille habitants située à une dizaine de kilomètres de Lyon, remarque Karim Benzema alors qu'il n'est encore qu'un champion en puissance. Guerra, agent réputé, très implanté à l'OL – Sidney Govou, Clément Grenier ou Maxime Gonalons ont notamment eu recours à ses services –, ne possède pas à cette époque son CV actuel. Désireux de percer dans la profession, il choisit le bon créneau et observe avec minutie le terrain local, en l'occurrence les jeunes joueurs lyonnais, comme Karim Benzema. Nous sommes en 2002. « Karim a alors quatorze ans, ce qui est beaucoup trop jeune pour disposer d'un agent », nous raconte-t-il le 18 novembre 2015.

L'agent entretient une « relation père-fils » avec ses joueurs. Il se considère comme un artisan, pas comme les propriétaires d'écuries de footballeurs tels Mino Raiola ou Jorge Mendes. Son maître mot dans la gestion des situations contractuelles de ses joueurs : l'anticipation. En ce qui concerne Karim Benzema, justement, Guerra attend patiemment qu'il fête son seizième anniversaire, le 19 décembre 2003, pour signer un contrat avec les parents du joueur. Il se met également d'accord avec Karim et devient son agent officiel. Rapidement, il repère une anomalie contractuelle dans la relation entre Benzema et l'Olympique Lyonnais : « Je me suis aperçu que l'OL ne lui avait pas proposé de contrat aspirant[1]. » Guerra se penche sur les textes de loi. Si Lyon n'a pas offert ce contrat aspirant à son jeune joueur, il s'agit bel et bien d'une erreur administrative. « Et cela allait plus loin : à un moment, ils lui ont proposé un contrat stagiaire, mais la loi stipule noir sur blanc que Karim était considéré par les règlements comme... libre ! » Libre en raison de l'erreur initiale, libre de signer où il le souhaite : « Il pouvait quitter le club. Je m'assieds tranquillement avec ses parents et nous parlons. Ils m'expliquent qu'ils sont de la région et ne souhaitent pas partir. Je me tourne donc vers l'Olympique lyonnais. »

Les discussions entre les deux parties avancent vite : « Nous tombons d'accord pour un contrat de stagiaire. » Le club signe un chèque prenant en compte la rétro-activité des années d'aspirant. Lyon se sait en effet dans son tort après avoir « utilisé Benzema qui habite dans la région » selon Guerra. Certes, le jeune joueur loge au sein du centre de formation lyonnais, mais cela ne revêt pas de valeur légale avant la signature d'un contrat en bonne et due forme. « C'est juste un hébergement, souligne Guerra. Ils l'ont aussi mis au centre pour le préserver d'un environnement. »

Lors du tournoi de Montaigu, en Vendée, au printemps 2004, Benzema inscrit quatre buts en cinq rencontres avec les juniors lyonnais. Il séduit René Girard,

---

1. À partir de seize ans.

l'entraîneur de l'équipe de France des moins de 16 ans, qui observe attentivement la compétition entre clubs et flashe sur ce junior au style déjà affirmé. L'OL brille et terrasse Nantes en finale. Ironie du sort, Girard, impressionné, demande à Garrido pourquoi la pépite Benzema a échappé au giron de l'équipe nationale... Lyon n'a jamais œuvré en catimini pour cacher son diamant. Le soir même, Girard prévient par téléphone Philippe Bergeroo, patron des moins de 17 ans qui vont disputer peu de temps après le Championnat d'Europe, en France. Bergeroo écoute attentivement Girard et prend contact avec Benzema. Il lui demande de participer à un stage dans le Médoc. Il cherche un joueur offensif *a priori* préposé au banc des remplaçants. Le joueur apprécie la franchise du coach, qui avoue ne pas le connaître et ne lui assure aucunement de participer à l'Euro. « Si ça va, je te garde, si tu ne me plais pas, tu rentres à la maison. »

Au milieu de tous ces jeunes pros, Benzema, encore amateur au sein des 16 ans de l'OL, entre en jeu contre la Suisse, en guise de ballon d'essai. Il sent que ses coéquipiers, au caractère déjà bien trempé, lui jettent des regards étonnés. Il affiche ses automatismes avec Hatem Ben Arfa pour convaincre son monde. Dès le premier entraînement, Bergeroo a compris qu'il venait d'hériter d'un phénomène. Une opposition entre la défense type des Bleus et les attaquants « réservistes » permet à Benzema de déboussoler l'arrière-garde adverse. La future star multiplie les déplacements, règne dans les petits espaces,

« sent » le terrain. Lors de cette séance, Benzema réussit une série impressionnante de reprises de volée.

Deux ans plus tard, dans *France Football*, Bergeroo vante chez Benzema la faculté de faire jouer son équipe, d'offrir des solutions, en remise, dos au but, ou en profondeur. Il sait que le Lyonnais s'est fixé des objectifs très élevés et met tout en œuvre pour les réaliser, sans avoir peur de rien. « Je me souviens d'un tournoi important en République tchèque où il avait réussi à prendre des ballons de la tête à deux géants d'un mètre quatre-vingt-dix collés à ses basques. » Il refuse de le considérer comme un introverti, privilégiant le « chambreur de première » qui, sous ses allures de timide, n'arrête pas de « faire marcher ses partenaires ».

La phase finale du Championnat d'Europe des moins de 17 ans se déroule donc en mai 2004, en Touraine, bien entendu avec Benzema. Amboise, Blois, Romorantin-Lanthenay, Saint-Cyr-sur-Loire, Avoine, Tours et Châteauroux accueillent les rencontres. La compétition concerne les jeunes nés en 1987. La génération dorée des (très) jeunes Bleus enchante les observateurs. Benzema et Nasri s'entendent parfaitement. « Samir, c'est la famille », certifie le Lyonnais qui entend parler du nom de son prometteur coéquipier très tôt, dans les catégories de jeunes. Justement, Nasri a surnommé une partie du groupe la « Mif », la « Famille ». Solidarité, « couverture mutuelle » en cas de bêtise, franchise, déjeuner et dîner communs : le code d'honneur ne souffre aucune entorse.

Après avoir tâtonné pour se situer dans l'univers des jeunes Bleus, après une arrivée piano-piano, Benzema trouve ses marques. Sur les photos, il pose en souriant, visage encore rond, poupin, cheveux coiffés en brosse. Il appartient à cette génération qui suscite d'immenses espoirs, déçus pour la plupart. Ces jeunes, starisés trop tôt, n'ont pas résisté aux tentations, aux sollicitations, aux compliments, ont relâché les efforts à l'entraînement. Si Lionel Messi et Luis Suarez, eux aussi nés en 1987, ont atteint les sommets, beaucoup de leurs homologues français ont vu leurs rêves se déliter. Mais, en ce 4 mai 2004 à Blois, la France dispose de l'Irlande du Nord (3-0) grâce notamment à un but de Benzema, numéro 18 des petits Bleus, qui débute sur le banc des remplaçants. Il entre et, sur son premier ballon, contrôle de la poitrine avant d'enchaîner du pied gauche. Ben Arfa marque aussi, sur passe de Benzema.

Dans les tribunes, Frédéric Guerra et Hafid Benzema exultent. « À chaque match, on se déplaçait tous les deux, se souvient Guerra. J'emmenais le père de Karim, cela faisait mille deux cents ou mille trois cents kilomètres par voyage. » Il raconte avec amusement que monsieur Benzema père se gavait de Bounty pendant le trajet. Un jour, après un match, Hafid discute amicalement avec un proche de Ben Arfa, comme s'il cherchait une personne dans une situation similaire à la sienne, un conseiller sur lequel s'appuyer.

La France termine première de son groupe avec trois succès en trois rencontres. En demi-finale, elle écarte le

Portugal, tenant du titre, grâce aux réalisations d'un trio magique qui illustre le potentiel de cette fameuse génération 87 égarée ensuite sur la route de la gloire : Samir Nasri, Jérémy Ménez et Hatem Ben Arfa. En finale, le 15 mai à Châteauroux, les jeunes Français battent l'Espagne (2-1). Nasri marque une nouvelle fois. Benzema, lui, ne rejoue plus après son entrée réussie face à l'Irlande du Nord. Le duo Ménez-Ben Arfa garde sa longueur d'avance sur lui. De mai 2004 à mai 2006, ce groupe ne va perdre que deux matches sur cinquante-cinq contre les rivaux de sa catégorie d'âge... À l'issue de ce triomphe, Benzema – qui ne va plus tarder à signer son contrat pro à Lyon –, Ben Arfa et Nasri se promettent de récidiver en A.

Dix ans plus tard, lors du Mondial 2014, seul Benzema représente cette génération. Au fil des interviews, l'enfant de Bron regrette souvent cette situation. Il estime que certains n'ont peut-être pas accompli les sacrifices nécessaires pour se maintenir au plus haut niveau. Au *Parisien*, le 26 mars 2015, il avoue : « Les sacrifices, c'est trois fois rien. C'est ne rien dire quand on subit des réflexions ou des critiques. Moi, on peut me tuer, je ne dirai jamais rien. J'en ai tellement pris ! » À l'Euro 2012, la génération 87 s'est retrouvée partiellement en situation, mais sans succès...

Benzema, lui, ne va pas perdre de vue ses objectifs de réussite. Il fréquente les autres sélections de jeunes, marque quatorze buts en dix-sept matches en moins de 18 ans (2004-2005), remporte la Meridian Cup. La saison suivante, avec les moins de 19 ans, il inscrit quatre buts lors des éliminatoires de l'Euro, sans parvenir à qualifier les siens. Dans la foulée, Girard le convoque en Espoirs.

De son côté, la bonne entente entre Guerra et la famille Benzema vole bientôt en éclats, malgré les souvenirs joyeux des escapades tourangelles. « À la fin de mon contrat avec eux, je trouve les parents très pressés, explique Guerra. J'ai un dossier à boucler en Italie et ils commencent à m'adresser des reproches : "Tu fais tout pour Ben Arfa, rien pour nous !" » Un sujet hautement sensible.

Car le prodige de ces années se nomme bel et bien Hatem Ben Arfa, lui aussi conseillé par Frédéric Guerra. Sous le sceau de l'anonymat, un des habitués de l'OL à l'époque livre un jugement tranché : « À l'entraînement, le meilleur, c'est Ben Arfa et de loin ! » Guerra se souvient du duo magique : « Ben Arfa possède un talent inné mais est brut de décoffrage. À l'OL, Hatem joue alors avec Karim, mais il est beaucoup plus fort. Seulement, Karim est plus malin, plus sournois. Il analyse Ben Arfa, observe son jeu. Ainsi, il peut s'en approprier une partie. Ce qui lui permet d'évoluer. Karim avait en quelque sorte quelqu'un à aller chercher. Ben Arfa, lui, se laisse aller, puis voit que Karim brille en inscrivant des buts en Ligue 1. Cela lui fout un coup au moral[1]. »

Guerra travaille aux côtés de Ben Arfa jusqu'à son transfert à Marseille, en 2008. Un transfert pour 11 millions d'euros, précédé de plusieurs jours d'incertitude.

---

1. Entretien avec les auteurs.

Ben Arfa annonce son départ pour Marseille le 25 mai et engage un bras de fer avec l'OL. Finalement, l'ensemble des parties parvient à un accord le 1er juillet. Guerra est « dépossédé » de son joueur, dont il n'est plus l'agent. Le foot est un milieu impitoyable. « Mais tous les milieux le sont », nuance Guerra. Un autre agent nous raconte les mésaventures survenues à Guerra : « Comme il avait été mêlé à l'histoire de François Clerc, qui entendait quitter Lyon pour Marseille, lors de la saison 2005-2006, Jean-Michel Aulas l'a en quelque sorte "sanctionné". Il lui a rendu les choses plus difficiles avec les joueurs... »

En ce qui concerne Benzema, Guerra s'est dépossédé lui-même. En fin de contrat, il se rend compte que la pression monte autour de lui. Il ne se sent plus désiré. Fidèle à son habitude, il tranche : « J'adresse donc un courrier recommandé aux parents pour... dénoncer mon propre contrat ! Cela m'est arrivé à d'autres reprises. » Guerra ne transige pas. Il met en avant l'ensemble de sa carrière : « J'ai réussi ma vie. Je suis fier de ça, je ne regrette pas les millions que Karim Benzema m'aurait rapportés. » L'entourage actuel de Benzema dément l'envoi d'un recommandé par Guerra.

En cette année 2004, la place se libère pour un autre agent, qui va tenir une place essentielle dans la carrière et la vie du futur avant-centre du Real Madrid. « C'est effectivement là que Djaziri arrive, mais il travaillait le père depuis un moment en sous-marin. Il commençait à lui dire que je faisais tout pour Ben Arfa. Toute l'histoire est née ainsi. Elle n'avait pas lieu d'être. Ensuite sont apparues des luttes intestines. Je ne suis pas né pour ça, pas né pour vivre ça », raconte Guerra. Plus de dix ans après, il dédouane tout de même la famille : « Je tiens à préciser qu'elle n'était pas du tout lourde. Elle aime son fils, voilà tout ! » Il a senti les parents aveuglés par des chimères, a débusqué un piège, détecté des « montages de droite et de gauche ». Las, il est donc parti, sans se fâcher. « Aujourd'hui encore, quand je vois le père, on se salue. Il y a deux ou trois joueurs qui lui ont demandé des conseils au sujet d'un éventuel agent, il a répondu : "Frédéric Guerra." Ce qui en dit long sur ce qu'il ressent... »

Pas rancunier envers la famille Benzema, Guerra, visage volontaire et buriné, cheveux blanchis, ne mâche cependant pas ses mots à l'encontre du nouvel entourage de son ancien protégé. « Je pense, au travers des éléments que je connais, que son environnement a surprotégé Karim. Attention, pas les parents, hein ! Mais son entourage ne l'a pas fait grandir. De nombreux faits corroborent mon analyse. Il doit demander l'autorisation de signer des maillots. Des journalistes m'indiquent que, quand ils interviewent Karim tout seul, ce n'est pas du tout le même homme que lorsque son agent arrive. Pour moi, cela s'appelle un endoctrinement. On préserve la poule aux œufs d'or, on vit comme au quartier. On garde la laisse courte car, sinon, on risque de le perdre dans la nature[1]. » Guerra évoque même des « menaces » à l'encontre de certains journalistes.

---

1. Entretien avec les auteurs.

Aujourd'hui, il continue en professionnel avisé de s'intéresser à la carrière de Benzema. « J'habite à trois kilomètres à vol d'oiseau de chez son père, j'ai grandi dans les quartiers, j'ai des potes avec lesquels j'entretiens des liens depuis toujours. Ce que je reproche à son agent, c'est que, lorsqu'un joueur prend une telle dimension, vous devez viser un objectif suprême : aller chercher le Ballon d'or ! Or, à aucun moment, ils ne se mettent en situation d'aller le conquérir. » Il critique le système et l'organisation mis en place autour du joueur, comme s'il s'agissait de l'isoler, de le couper de lui-même et du reste du monde. « Karim n'a jamais voulu changer d'agent, confirme un proche du joueur. C'est une forme de fidélité qui correspond à l'état d'esprit du quartier. » Pour Guerra, « le quartier a bouffé Benzema ». Il déplore dans l'émission « Stade 2 », diffusée sur France 2 le 6 décembre, les voyages en jet privé de l'entourage pour aller assister aux matches et stigmatise ceux qui « abusent » de Karim.

De son côté, après une carrière tumultueuse, Hatem Ben Arfa s'épanouit à l'OGC Nice dès les premiers mois de la saison 2015-2016. Sollicité pour s'exprimer au sujet de Karim Benzema *via* son conseiller, il n'a pas donné suite. Personne n'a jamais remis en cause ni le don ni le talent de Ben Arfa. Il a dû supporter le poids de la structure familiale et n'a pas toujours su gérer cette situation. Rémy Riou analyse lucidement ses errements : « Dans le sport de haut niveau, il faut savoir ce que l'on veut. Une sélection naturelle s'effectue. Certains se brûlent les ailes, même s'ils sont talentueux. Karim Benzema a effectué les bons choix, les efforts nécessaires. » Gérard Bonneau confirme : « Hatem a été médiatisé très jeune. L'environnement l'a "tué" alors que Benzema s'est octroyé le plus de chances possibles. Une fois, la mère de Ben Arfa m'avait affirmé qu'il avait un Benzema dans chaque jambe… À un moment donné, on a senti une rivalité bête s'installer entre Hatem et Karim. Mais Karim possède cette force qui consiste à se protéger grâce à une carapace. Il s'en sert pour avancer. » Benzema ne nie pas la brouille, mais invoque la jeunesse pour la justifier. Elle est née d'injures prononcées sur le terrain. Elle a aussi été entretenue, « manipulée » par certains. Et puis l'institution OL a misé à un moment sur Benzema, donnant sans doute l'impression à Ben Arfa qu'il n'était plus autant désiré.

Bonneau se félicite des relations conservées avec les ex-jeunes pousses et leur entourage. À titre personnel, il n'a jamais rencontré de problème avec Djaziri : « On se connaît bien, depuis Vénissieux et l'AS Minguettes. Chez nous, les agents respectent les règles et ne nous embêtent jamais[1]. » Il insiste sur la pérennité des liens : « Hatem est resté très sympa avec moi. Karim est reconnaissant, sans le montrer ostensiblement. Lors d'un rassemblement de l'équipe de France à Clairefontaine, je participais à une opération de jeunes. Les A jouaient aux boules, la sécurité avait fermé l'accès. Karim a tenu quand même à venir me dire bonjour. Hatem a vu Karim

---

1. Entretien avec les auteurs.

effectuer ce geste, il est venu à son tour ! » Le formateur considère que Benzema possède un « très bon fond » : « Il n'a pas oublié non plus ses copains. Vous savez, c'est compliqué pour de telles stars de revenir dans leur quartier[1]. » Il ne cache pas son admiration. « Karim représente un joueur d'exception, de loin le meilleur Français et toujours avec une capacité de grande écoute. Maintenant, quand on voit un joueur faire un geste de classe, on s'exclame : "Il fait comme Karim[2] !" »

Benzema, sans doute moins doué que d'autres au départ, réussit à force de travail, d'obstination, faisant fructifier inlassablement son habileté face au but adverse. Une réussite au mérite, en quelque sorte. Avec un agent qui ne le quittera plus, il peut se consacrer au football. Karim Djaziri, lui, met petit à petit en place le système qui va longtemps paraître inébranlable.

---

1. Entretien avec les auteurs.
2. Entretien avec les auteurs.

7.

Vincent, Gérard, Paul et les autres

Inoubliable. Karim Benzema a quitté Lyon très tôt, en 2009, mais il y a imprimé une marque indélébile. Il a même impressionné Vincent Duluc, qui a suivi son ascension fulgurante. Pourtant, Duluc, véritable encyclopédie du foot, a fréquenté les plus grandes stars. Né en 1962, il commence sa carrière de journaliste sportif à l'agence de Bourg-en-Bresse du *Progrès* de Lyon. Aujourd'hui, pour *L'Équipe*, il suit notamment l'équipe de France.

« Benzema est parti tôt de Lyon, mais c'est le jeune joueur qui a laissé les traces les plus profondes, nous raconte-t-il le 11 septembre 2015, assis à une table d'un café proche des Champs-Élysées. D'autres ont laissé des traces différentes au niveau de la durée, de la fidélité... » En quatre saisons sous les couleurs du grand Lyon, Karim Benzema dévoile sa panoplie d'attaquant complet, juste équilibre entre la puissance et la vitesse, avec en supplément une lecture du jeu panoramique. La compétition le transcende. Son mental d'acier, sa soif de réussir, son opiniâtreté lui permettent de séduire ses entraîneurs successifs.

Vincent Duluc, spécialiste de l'OL, poursuit : « Je me souviens de moments fantastiques. » Après ses six rencontres disputées en Ligue 1 lors de la saison 2004-2005, Benzema monte progressivement en régime. « À Gerland, lors de son premier match face à Metz, le 15 janvier 2005, il porte le numéro 33 et son nom n'est pas inscrit sur le maillot. » Benzema délivre une passe décisive pour Bryan Bergougnoux en touchant son premier ballon, après avoir écarté Mehdi Meniri. L'entraîneur Paul Le Guen détecte chez lui un immense potentiel. L'attaquant signe son premier contrat professionnel en faveur de Lyon, d'une durée de trois ans, qui sera ensuite prolongé jusqu'en 2010. Il va petit à petit écarter, voire dégoûter, la concurrence, ses coéquipiers Nilmar et Pierre-Alain Frau préférant changer d'horizon.

La saison suivante – 2005-2006 –, sous la conduite de Gérard Houllier, il découvre la Ligue des champions. Il ouvre son compteur buts le 6 décembre 2005, à la trente-troisième minute de la rencontre face aux Norvégiens de Rosenborg (2-1). Entre l'expérimenté entraîneur et le prometteur attaquant s'initie une relation très forte. L'ancien sélectionneur des Bleus et directeur technique national, entraîneur de Liverpool (1998-2004), prend les commandes de Lyon entre 2005 et 2007. Deux saisons qui correspondent à l'épanouissement de Benzema. Le 25 novembre 2015, Houllier évoque encore avec énormément de passion et d'émotion leur complicité : « Karim est jeune à l'époque et, ce qui me frappe, c'est son écoute. Comme une éponge, il prend tout ce que tu lui donnes, chaque détail, chaque conseil, et il essaie de l'appliquer. Des heures durant, il travaille devant le but avec Rémy Vercoutre comme gardien et Joël Bats qui lui adresse des centres. Il se concentre sur chaque ballon. Comme ce n'est pas un gaucher naturel, il bosse les frappes, les contacts. Il est avide de s'enrichir, veut savoir comment réussir et j'aime beaucoup cela. Juninho lui parlait beaucoup aussi. Karim est prêt à sacrifier beaucoup de choses, à laisser ses copains sortir en boîte. Il mène sa vie de son côté. »

L'attitude de Benzema séduit particulièrement Houllier, aujourd'hui directeur mondial de la branche football du groupe Red Bull, toujours aussi passionné : « Comme Ronaldo – le Brésilien – est son idole, il imite ses passements de jambes, reproduit nombre de ses gestes. Moi, j'insiste auprès de lui pour qu'il enchaîne les dribbles et les frappes. Tactiquement, il s'améliore dans le jeu avec et pour les autres. Il n'est pas qu'un buteur. Je revendique d'avoir développé cela chez lui, ce sens extrême du collectif. Aujourd'hui, au Real Madrid, Benzema peut remercier Cristiano Ronaldo, mais Cristiano peut aussi remercier Benzema. »

L'entraîneur considère comme des extraterrestres l'Argentin Messi ou le Portugais Cristiano Ronaldo, qui trustent les Ballons d'or à longueur d'années, mais estime que Benzema dispose du « potentiel » pour briguer un jour cette récompense individuelle. Houllier entretient des rapports très cordiaux avec Hafid, le père du joueur. « C'est vraiment quelqu'un de très bien, ajoute le technicien. Encore aujourd'hui, nos relations sont excellentes. Il tenait par exemple à m'offrir un cadeau au moment des fêtes, je me souviens d'une bouteille de rosé d'Algérie. Dans le milieu du football, c'est rare ! » À cette époque, Hafid continue d'accompagner son fils à l'entraînement, car celui-ci ne dispose pas encore du permis de conduire.

Après sa première saison à l'OL, Houllier est confronté à un dilemme : Benzema souhaite partir. « Tottenham est alors très chaud, se souvient Houllier. Comme son père possède une grosse influence sur Karim, je discute beaucoup avec lui. Je lui explique que j'ai pris de jeunes joueurs à Liverpool, quand j'entraînais cette équipe. Mais, selon moi, Karim n'est alors pas mûr pour évoluer en Angleterre. Je lui conseille d'attendre un peu. » La mobilisation de Gérard Houllier porte ses fruits. Il dialogue aussi avec son agent, « très proche de Karim ». Benzema décide de demeurer à Lyon. « Il fait une seconde saison avec moi, se blesse, mais est vraiment en train de devenir un grand joueur. » L'ancien patron des Bleus se remémore avec délectation ses débats tactiques avec l'avant-centre : « Il est vraiment très intéressé par le sujet, très à l'écoute. Je l'aligne à gauche, comme Thierry Henry. Je lui explique que je le mets là pour qu'il revienne sur son pied droit. Il marque d'ailleurs face à Saint-Étienne un but de cette manière. » Déjà, à l'époque, Benzema préfère l'axe et le fait savoir, mais il s'adapte.

Houllier agit avec Benzema comme il a procédé à Liverpool avec ses jeunes pépites. « Karim me rappelle plus Steven Gerrard que Michael Owen, qui a très vite été mûr. Il y a tellement d'attente, de pression, autour de ces jeunes. C'est très dur pour eux. Avec Karim, en tenant compte de la différence d'âge, il s'agissait d'une relation quasi filiale. C'était la star montante, j'avais envie de le protéger. Il savait que, de ma part, il bénéficierait de plus d'indulgence. » Jean-Michel Aulas veille également sur l'avenir du jeune joueur. « Le président était conscient qu'il disposait d'un joueur d'exception. Si nous l'avions eu avant le quart de finale de Ligue des champions face à Milan en 2006 (0-0, 1-3), je pense que nous nous serions qualifiés. Il s'était blessé avant. Sinon, il aurait joué et nous aurions affiché un autre visage offensif », explique Houllier.

Il n'a jamais perdu le contact avec la famille Benzema. « J'ai suivi toute son évolution à Lyon, puis au Real Madrid et également en équipe de France. Je l'ai parfois rencontré, réconforté. Il s'est imposé par la qualité de son jeu mais prend bien les critiques. Il a toujours répondu sur le terrain. » Houllier cite spontanément la fameuse tirade de José Mourinho, alors coach du Real Madrid, en conférence de presse, fin 2010. À cette époque, l'attaquant argentin Gonzalo Higuain se blesse et Mourinho titularise en pointe Karim Benzema, transféré en 2009 dans le prestigieux club madrilène. Visiblement, ce choix forcé ne le convainc pas. « Si tu vas avec un bon chien, tu chasses plus, lance le Special One. Si tu vas avec un chat, tu chasses moins, mais tu chasses quand même. » Le Portugais avait également invectivé le Français à l'entraînement : « Si c'était pour toi, on devrait s'entraîner à midi, parce qu'à 10 heures tu arrives endormi et qu'à 11 heures, tu continues à dormir. » Mais, malgré la complexité de leurs relations, malgré ces piqûres de rappel, jamais Mourinho ne mettra en cause la valeur professionnelle intrinsèque de Benzema.

Houllier le sait, tout comme Mourinho : les critiques et l'opposition transcendent Karim Benzema. Il affronte la concurrence en compétiteur, sûr de lui jusqu'à paraître arrogant, certain de son triomphe ultime. Chez les Bleus, Olivier Giroud a fini par être préféré à un Benzema muet pendant mille deux cent vingt-deux minutes. Mais il n'a pas longtemps savouré le plaisir d'être titulaire. Vite redevenu remplaçant, le joueur d'Arsenal a traversé le Mondial 2014 au Brésil comme une doublure de luxe. Benzema a encore une fois (re)surgi après une zone de turbulences. Une série statistique décevante, une occasion vendangée, une pique de son coach attisent le désir de revanche du Madrilène. Il ne cède pas à la tentation des déclarations tapageuses, mais fourbit les armes de sa rédemption sur le terrain. La force du champion qui refuse de perdre, ne supporte pas la défaite ? Davantage encore. Il s'agit de l'une des clés fondamentales de la personnalité de Benzema, pour qui rien n'est impossible.

Les obstacles se surmontent comme on force une défense hermétique sur le terrain, un mur se brise comme une rangée d'adversaires au moment du coup franc. Une détermination mâtinée d'obstination, une obstination positive, au service de l'efficacité du buteur.

Dans cette perspective, Benzema s'évertue tout au long de sa carrière à gommer ses rares points faibles. Notamment, comme le souligne Houllier, le jeu de tête. Parallèlement, il renforce ses points forts. « Il possède vraiment le profil de l'attaquant moderne, qui évolue à gauche, à droite, au centre. Son sens du jeu est remarquable. » Houllier, qui a parfois géré des stars aux ego démesurés, ne recense pas Benzema dans cette catégorie : « Il n'était pas bling-bling, a toujours été clair, transparent, pas capricieux ni intrigant. Il faut faire attention aux taiseux, ce sont parfois ceux qui écoutent le plus. » Un taiseux, « un timide, un introverti ». Et l'entraîneur renchérit : « Il est resté proche de ses racines, de ses copains, revendique la proximité, je ne suis donc pas étonné de ce qui se passe actuellement… »

En 2005, Arnaud Ramsay, journaliste dynamique, auteur de plusieurs ouvrages sur le sport, se déplace pour voir Frédéric Piquionne qui évolue alors à Saint-Étienne. Il prépare un article pour l'hebdomadaire *France Football*. Rendez-vous est pris avec le joueur et son agent dans un hôtel proche de Saint-Étienne. Piquionne s'amuse avec un jeu vidéo proposé aux clients de l'hôtel. Son agent, Karim Djaziri, parle fort. Les autres personnes présentes

manifestent leur courroux. Après l'interview, Djaziri s'avère intarissable. Ses yeux brillent à l'évocation d'un autre joueur, Karim Benzema, dont il s'occupe désormais. Ramsay se souvient : « Il m'explique avoir un petit jeune qu'il considère comme un futur grand. Et me lance : "Je te le réserve dans quelque temps pour une interview !" »
Fin 2005, le journaliste intègre *Le Journal du dimanche*. Il continue de tisser des liens avec Benzema et son entourage et obtient le feu vert pour l'interview. Elle se déroule à Lyon, dans un restaurant situé sur les quais. Ramsay ressent une étrange impression : « Comme si j'avais en face de moi Nicolas Anelka, que je connaissais déjà bien. D'ailleurs, en revenant à Paris, je téléphone à Anelka qui porte alors le maillot de Fenerbahce, en Turquie. Je lui indique que je viens de rencontrer un joueur qui a la même idole que lui, l'avant-centre brésilien Ronaldo, le même attachement à sa ville, Paris pour l'un, Lyon pour l'autre, le même rapport à la famille, la même foi en son destin et la même... forme d'arrogance. » Ramsay découvre une gémellité entre les deux attaquants « venus de la banlieue et chefs de clans familiaux ». Ils vont furtivement se croiser quelques mois plus tard...

En novembre 2006, quelques mois après le Mondial, le sélectionneur des Bleus Raymond Domenech donne sa liste pour le match France-Grèce. Les Bleus entament une phase de reconstruction, sans Zinedine Zidane, qui a bouclé sa carrière internationale sur une Coupe du monde fantastique et une finale face à l'Italie (1-1, 3 tirs au but à 5) gâchée par un tristement célèbre coup de boule. La France s'est imposée (2-1) en Bosnie-Herzégovine, en Géorgie (3-0), devant l'Italie (3-1) grâce à une prestation superbe, mais a perdu en Écosse (0-1) avant de laminer les Féroé (5-0).

Domenech cherche à ouvrir son groupe, à raviver la concurrence. Il sélectionne donc dans sa liste de vingt-quatre joueurs pour France-Grèce du 15 novembre au Stade de France (1-0, en amical) le prometteur Karim Benzema. Sa première convocation... Alors qu'il se promène dehors avec ses copains, un appel de son coéquipier lyonnais Alou Diarra l'informe qu'il figure sur la liste. Puis Éric Abidal le contacte. Il se fait ensuite « chambrer » dans le vestiaire lyonnais, avant la séance d'entraînement de l'après-midi. « Je suis content pour moi et pour ma famille », lance-t-il. Il avoue qu'il s'agissait de son grand objectif. Fidèle à sa réputation, il entend confirmer, aller plus loin, plus haut. Mais, pour un joueur, une première convocation chez les Bleus s'apparente à un aboutissement. Il va à coup sûr s'appuyer sur Sylvain Wiltord et Éric Abidal pour réussir son intégration.

La vedette de la liste de Domenech se nomme cependant Gonzalo Higuain. Le sélectionneur espère « voler » ce joueur, né en France, à l'Argentine. Mais Higuain, très courtisé, décline la sélection. Benzema aussi, à son corps défendant. Touché à la cuisse avant de rejoindre la sélection, il renonce, après avoir fait constater sa blessure au staff des Bleus. Avant de quitter le rassemblement, il croise tout de même Nicolas Anelka qui le salue chaleureusement. Les deux joueurs s'apprécient immédiatement. Plus tard, Benzema accepte de se muer en rédacteur en chef d'un jour de l'éphémère journal *Aujourd'hui Sport*. Il demande alors à Ramsay, organisateur de l'opération, de « saluer Nico » de sa part.

Lors de son déjeuner lyonnais, Ramsay constate que Djaziri « protège » Benzema avec zèle. L'agent avoue vouloir éviter que son joueur soit considéré comme le nouveau Zidane « même s'ils ont la même origine kabyle ». Benzema reconnaît se considérer comme un supporter du Brésil, mais nuance : « Je regarde les Bleus depuis le retour de Zidane. » Ramsay publie son article le 8 janvier 2006 dans le *JDD*, sous le titre « Le trésor caché de l'OL ». Il s'agit du premier papier que la presse nationale consacre au natif de Bron. Benzema a obtenu avant l'interview le prix Convergences, qui encourage la promotion de personnalités issues de l'immigration maghrébine. « Il était à la fois timide et sûr de lui », commente Ramsay. Benzema rêve du Ballon d'or, évoque sans cesse le Brésilien Ronaldo, né en 1976. Jeune, il tapissait sa chambre de posters de l'illustre attaquant, au sens du but inégalable, à la volonté de fer pour surmonter de graves blessures, jusqu'à conquérir le titre mondial en 2002 après avoir déjà été sacré en 1994 sans jouer.

Ronaldo, Il Fenomeno, pas encore El Gordo, évolue au Real entre 2002 et 2007. Lors de l'une des confrontations en Ligue des champions entre Lyon et le Real Madrid, en novembre 2005, Jean-Michel Aulas et l'entraîneur

Gérard Houllier demandent à Florentino Pérez s'il peut leur procurer un maillot signé et dédicacé de Ronaldo. Le président madrilène s'en occupe. Houllier se souvient encore de la scène avec émotion : « Tout le monde avait envie de faire plaisir à Karim. » Les dirigeants lyonnais repartent avec la tunique, le lendemain. Un cadeau destiné à Benzema, aussi heureux qu'un enfant en recevant ce maillot. N'a-t-il pas contemplé, admiré des heures durant, les prestations de Ronaldo sur cassettes ? « C'est lui le plus fort », résume-t-il, admiratif. Benzema cite ses matches, ses exploits. Plus tard, quelques mois après son arrivée au Real, Karim Djaziri et l'ex-chef de presse du club madrilène lui organisent une rencontre-surprise avec son icône brésilienne. Ronaldo accepte avec plaisir de venir saluer son successeur au stade Santiago Bernabéu en septembre 2009, à quelques heures d'un match de Ligue des champions du Real face à l'OM. Intimidé, estomaqué même, Benzema, qui ne parle pas encore espagnol, reste quasiment muet.

Après le *JDD*, *L'Équipe* franchit le pas. Benzema mérite son « papier ». Le 24 mars 2006, Hervé Penot signe pour le quotidien sportif un article intitulé : « Benzema, la précoce attitude ». Il raconte son impatience, ses premiers souvenirs d'entraînement avec les pros, à seize ans et demi. Il est convoqué inopinément à une séance alors qu'il suit un cours d'informatique au lycée, en plein mois de novembre. Quelqu'un vient le prévenir en classe et lui donne rendez-vous à 15 heures 30. Sa prof lui confirme qu'il ne s'agit pas d'une blague. Benzema se laisse convaincre, non sans mal. Il se rend à l'entraînement mais n'ose pas entrer dans le vestiaire. Il patiente quelques minutes devant la porte fermée. Paul Le Guen le remarque, lui demande ce qu'il fait tout seul, le fait entrer afin de le présenter au groupe. Intimidé, il s'assied à côté d'Éric Abidal. « Ça m'a fait bizarre, je crois que Malouda et Wiltord étaient malades et Paul [Le Guen] m'avait demandé de venir. » Sur le terrain, le choc : « Tout allait plus vite, on a l'impression qu'on a du mal avec le ballon. » Il revient participer à d'autres sessions avec les professionnels. Il bénéficie régulièrement du soutien de Lamine Diatta et surtout de Sylvain Wiltord, habitué à aider spontanément les jeunes. « Il me donne des conseils, m'aide dans mes placements, dans les prises de balle. » Les anciens l'enjoignent de garder la tête froide. Il les écoute. Après chaque match, il se plonge dans l'étude de sa performance. « Mon poste, c'est avant-centre, mais je n'y ai pratiquement pas joué. On me met à droite ou à gauche, j'accepte car je suis jeune. »

En ouverture de la saison 2006-2007, Lyon remporte le Trophée des champions face au PSG (1-1, 5 tirs au but à 4). Benzema marque sur penalty. Le voilà idéalement lancé vers la confirmation. Malgré un effectif très fourni, il s'impose à l'OL, mais subit un premier coup d'arrêt en raison de sa blessure à la cuisse. Second pépin physique début 2007, qui ne stoppe pas son ascension : l'avènement approche. La saison 2007-2008 le consacre. Il prolonge son contrat et se lie avec son club jusqu'en 2012, puis jusqu'en 2013. Sous la houlette d'Alain Perrin, il réalise son premier triplé contre Metz (5-1) en septembre 2007. L'Europe le découvre petit à petit. Il réussit un doublé en Écosse face aux Glasgow Rangers en décembre (3-0) et permet ainsi à son club d'accéder... aux huitièmes de finale de la Ligue des champions. Devant Manchester United (1-1), le 21 février 2008, il réalise un exploit majeur pour ouvrir le score. Gauche-droite-gauche, trois touches de balle ultra-rapides, puis il se retourne et déclenche une frappe millimétrée. Edwin van der Sar s'incline. La fulgurance de ses enchaînements, sa technique en mouvement sont d'une efficacité redoutable.

Alex Ferguson, l'entraîneur écossais de MU, repère le phénomène et tente de l'engager, en vain. Benzema termine meilleur réalisateur de L1 (vingt buts) et est élu meilleur joueur du championnat par ses pairs sous l'égide de l'UNFP, le syndicat des joueurs. Lors d'une cérémonie qui hésite souvent entre solennité et décontraction, il ne masque pas son émotion lorsqu'il reçoit son trophée des mains de Christine Arron, superbe dans une magnifique robe à bretelles, et de Zinedine Zidane, très classe dans son costume sombre, à l'Espace Cardin. Zidane, couronné dans la même catégorie douze ans plus tôt... Avant le verdict, Benzema semble un peu anxieux, mais Arron ouvre l'enveloppe et annonce sa victoire. Assis aux côtés de Rohff qui a chaussé ses lunettes noires, l'attaquant sourit, se lève, remonte sa rangée, se dirige vers la scène. Bernard Lacombe, l'ancien buteur de l'OL si proche de lui, paraît aux anges. Avec sa chemise noire, ses cheveux coupés ultra-court, Benzema use de son sourire malicieux et de cette petite moue caractéristique qui contribue à son charme. Son visage ovale, ses mensurations athlétiques (un mètre quatre-vingt-sept pour soixante-dix-neuf kilos selon le site officiel du Real) le rendent séduisant. Il prend le trophée, le pose sur le pupitre et s'exprime au micro. Il confie être « super-heureux », pense à ses coéquipiers, son président, son coach, le staff, remercie ses parents et Rohff, « le numéro 1 du rap français » qu'il désigne avec un sourire.

Des années plus tard, en 2013, les fans de Rohff ironisent à propos de ce discours de Benzema, l'égratignant sur les réseaux sociaux. En effet, au plus fort du conflit entre les rappeurs Rohff et Booba, Benzema a choisi le second. Il lui adresse même une dédicace sur TF1 après le barrage retour face à l'Ukraine (3-0), qualificatif pour le Mondial 2014 au Brésil. Il porte des modèles de la collection hiver 2015 d'Unkut, lancée par Booba, puis interprète une de ses chansons. Il poste sur Instagram une vidéo où on le voit assis à l'avant d'une voiture, en compagnie de plusieurs amis : il chante « Walabok », un morceau du dernier album du rappeur. Dans une interview au magazine *10 Sport*, Rohff s'exprime au sujet du revirement de Benzema : « Karim a juste montré que c'était un fan, une groupie, mais pas un ami. On n'a pas du tout les mêmes principes. […] Il aurait dû rester à nos côtés. Il a fait son choix… Il a le mauvais karma en ce moment. Mais je ne lui souhaite aucun mal. »

Ses pairs sacrent Benzema, l'avant-centre que l'OL attendait désespérément... « Il arrive deux ans trop tard pour Lyon », déplore Vincent Duluc. Une manière de signifier qu'avec Benzema à son apogée deux saisons auparavant l'OL aurait pu réaliser une flamboyante odyssée en Ligue des champions. « C'était le chaînon manquant. » Benzema, joueur majeur de l'OL, connaît un accomplissement météorique. Il ne change pourtant pas ses habitudes, vit chez ses parents, dans l'ex-chambre de sa grande sœur. Le matin, après son petit déjeuner, il file s'entraîner. Mais la starification n'est pas si aisée à gérer. Il prend de l'assurance. Trop, parfois. Un jour, il déjeune au restaurant Argenson, une enseigne de Paul Bocuse située face au stade Gerland. Subitement, il parle mal au personnel, avec une certaine arrogance. Comme s'il affichait un sentiment de supériorité en raison d'une notoriété qui monte à la tête. Un témoin de la scène qui se déroule dans le restaurant chic du 7e arrondissement de Lyon est surpris par son attitude. Des années plus tard, Benzema s'adresse avec un autoritarisme déplacé à un employé du service communication de l'équipe de France. Une autre fois, un proche des Bleus lui envoie un SMS pour lui adresser ses meilleurs vœux. Benzema connaît très bien l'auteur du message. Mais il se contente de lui répondre un « C'est qui ? » froid et distant.

Un observateur de l'OL à l'époque se souvient avoir pensé que Benzema devait « faire attention » à son attitude en public. La plupart du temps, il fréquente à midi le Panoniou, la pizzeria de Samir, son beau-frère, un endroit où il se sent bien. En 2008-2009, il est dirigé par Claude Puel. Il joue souvent côté gauche, termine deuxième meilleur buteur de L1 derrière André-Pierre Gignac (dix-sept buts contre vingt-quatre). Ses cinq réalisations en Ligue des champions attisent les convoitises. Les plus grands clubs comme l'AC Milan, Manchester United – toujours aussi pressant – ou le Real Madrid ne tremblent pas à l'évocation de son salaire lyonnais estimé à 350 000 euros net. Les géants guettent l'opportunité. Benzema annonce qu'il évoluera encore sous les couleurs lyonnaises la saison suivante. L'ancien ramasseur de balles de Gerland avait pourtant garanti, dans une interview remarquée le 13 mars 2009, qu'il allait demeurer à Lyon, mais, en juillet 2009, il change d'avis et rejoint le Real après avoir disputé cent quarante-huit matches sous les couleurs de l'OL. Jean-Michel Aulas dévoile au journal *Le Progrès* ses émoluments : 4,5 millions d'euros brut à Lyon, 8,5 millions net au Real. Son salaire annuel passe du simple au triple. Un salaire de star planétaire.

8.

Zidane et les nouveaux pères du Real

Karim Benzema au Real Madrid. L'histoire ne se résume pas au transfert d'un attaquant prometteur dans un club prestigieux, l'un des plus grands d'Europe. Non, il s'agit d'une chanson de geste, avec sa part mythique. De la construction d'un homme, au-delà du buteur, de l'émancipation de l'ado de Bron. La timidité s'estompe au profit de la maturité, alors que se profile le couronnement sportif de sa carrière.

Benzema change. Il s'habitue aux médias, apprécie la vie madrilène. Il progresse, surtout : plus fort, plus rude dans les duels, déterminé à multiplier les efforts à l'entraînement pour gagner sa place sur le terrain. Il arrive souvent bien avant la séance au gigantesque centre hyper-sécurisé de la Ciudad Real Madrid à Valdebebas, près de l'aéroport. Un complexe hors normes, sur le modèle de Milanello, la place forte de l'AC Milan, dans lequel les joueurs peuvent pratiquement vivre repliés sur eux-mêmes. Son conseiller spécial, recruté en même temps que lui, se nomme... Cristiano Ronaldo. Le Portugais, venu de Manchester, lui transmet son habitude des très grands clubs, le guide vers l'excellence. En substance : ici, ce n'est pas Lyon, c'est le Real. Une dimension encore supérieure. Ronaldo insiste tout particulièrement sur le travail foncier afin de gainer encore son corps. Au fil de ses années madrilènes, l'enfant de Bron tisse également des liens avec Ramos, Ozil, son compatriote Varane.

Place donc au nouveau Benzema, transféré au Real le 1er juillet 2009 pour 35 millions d'euros (plus 6 millions d'euros de bonus liés à ses performances sportives). Il signe un contrat de six ans en faveur du club espagnol. « C'était mon rêve », commente-t-il dans *L'Équipe* du 4 juillet, en passant sa visite médicale à la clinique orthopédique Paul-Santy de Lyon, sous l'œil expert de trois médecins madrilènes. Le Real le suit depuis ses seize ans, il se sent enfin prêt à franchir le pas. Le président Aulas lui-même avait ouvert la porte à un départ en indiquant dans *Le Dauphiné* au mois de juin que Benzema allait rester « à 99 % ». Il manque 1 %, qui compte beaucoup plus que tous les autres. Aulas ne martèle pas que son joueur est intransférable. Le Real lit avec délectation cette déclaration et comprend à demi-mot. Benzema devient l'objectif prioritaire de Florentino Pérez, qui s'investit personnellement dans l'opération. Les relations entre Lyon et Madrid sont étroites depuis de longues années, notamment grâce au transfert de Mahamadou Diarra en 2006.

Le feuilleton n'attend que son « happy end ». Florentino Pérez se rend chez les Benzema, à Bron, pendant les vacances, glisse à la famille quelques mots gentils en français. Il agit en gentleman, tant avec le joueur qu'avec l'OL. Rien de surprenant, car il fait souvent part publiquement de son grand respect pour Jean-Michel Aulas. Le rêve de Benzema va se réaliser. Mais, déjà, pointe dans ses propos l'indécision, se discerne l'impossible rupture avec la famille : « Je suis un peu triste et très heureux à la fois. Heureux de rejoindre le plus grand club du monde. Et triste de laisser mon club, mes amis, toute ma formation. Je dois tout à Lyon. » Il part à l'amiable, mais quitte l'entraîneur Claude Puel sans regrets. Il reconnaît avoir manifesté son énervement par certains gestes inutiles lors du premier semestre de l'année 2009 et promet aux sceptiques : « Regardez la télé, vous verrez. » Pendant ce temps, des supporters de l'OL se rassemblent devant le siège du club, inquiets pour l'avenir, qui s'écrit désormais sans Benzema.

Le 9 juillet, Benzema vit un moment de liesse lors de sa présentation au stade Santiago Bernabéu devant quinze mille supporters enthousiastes. Il a quitté Lyon-Satolas le matin en jet privé, lunettes noires, tee-shirt et jean. Il arbore sa coiffure à la mode avec deux griffures côté gauche. Il vit une journée à cent à l'heure, subit de nouveaux examens médicaux. Il succède aux deux précédentes recrues, éminentes, de la saison, le Portugais

Cristiano Ronaldo, venu de Manchester United pour 94 millions d'euros, et le Brésilien Kakà. Le président Pérez le présente au Bernabeu alors que retentit dans la chaleur madrilène « Aïcha », chanson interprétée par Cheb Khaled, et un opéra de Puccini. Même Alfredo Di Stefano assiste à la cérémonie. Un « Benzema, on t'aime » est inscrit en français sur un drapeau. Dans son discours, Pérez héroïse Benzema, l'intronise quasiment héritier de Zidane. Il le situe ensuite parmi les « grands joueurs de demain ». De demain, oui. Mais la cérémonie fastueuse crée les conditions du hiatus.

Aux yeux des fans, lorsque le rideau s'écarte, lorsqu'il déboule sur la scène, « Benzegoal » est né. Il découvre avec jubilation sa photo et son numéro sur son casier. Mais l'idylle se fane, le public madrilène s'impatiente. Benzema ne comprend pas ses coéquipiers, son intégration tarde. Titulaire en début de saison, il peine et son coach Manuel Pellegrini applique les lois en vigueur chez les géants d'Europe. Il aligne à sa place l'Argentin Gonzalo Higuaín. Benzema évoque alors dans la presse ses propres interrogations au sujet de la tactique, ce qui déplaît à Pellegrini. Une stratégie à hauts risques dans ce type de club où l'institution prime sur les individualités. Mais Benzema n'accepte pas la passivité. Son logiciel la proscrit. Proactif, il n'hésite pas, au fil de sa carrière, à énoncer ses préférences à ses entraîneurs. Il découvre la pression des gros matches, la tension, la concurrence féroce. La presse espagnole se fend d'éditoriaux au vitriol. Certains le comparent à Nicolas Anelka.

En janvier 2010, revoilà Benzema titulaire en raison de l'indisponibilité de Gonzalo Higuaín. Mais quand l'Argentin revient, les dynamiques s'inversent. Benzema réintègre le banc des remplaçants avant d'être handicapé par une pubalgie. Loin de Bron, loin de Lyon, de sa famille, esseulé, il regrette ses repères perdus. Il ne parvient pas aisément à entrer seul dans la vie d'homme. Il gagne une fortune mais ne joue pas, alors, à quoi bon ? Il gamberge et son corps le lâche encore. Touché aux adducteurs, il rumine sa déception quand le Real est éliminé par Lyon en huitième de finale de la Ligue des champions (0-1, 1-1). Et le Mondial 2010 se déroule sans lui.

Nouvel entraîneur du Real nommé fin mai 2010, José Mourinho rebat les cartes. « J'espère que tu as laissé le Benzema de l'année dernière derrière toi », lui lance-t-il en français. Le joueur souffre du dos, doit se débarrasser d'un surpoids. Mourinho, professionnel avant tout, lui demande fermement de multiplier les efforts. Le 27 octobre 2010, l'influent journal *Marca* consacre sa une à Benzema, titrant qu'il est « mort ». Benzema ne s'effondre pas sous la virulence des critiques, mais sa famille est touchée. En novembre, lorsque Higuain se blesse, le Français saisit l'opportunité offerte par Mourinho. Dans *L'Équipe*, plus tard, en mai 2012, Benzema évoque l'influence de ce coach emblématique, capable de susciter l'adhésion à ses schémas tactiques parfois ultra-prudents grâce à son indéniable charisme. Fin psychologue, il a senti Benzema

« orphelin » de son monde d'avant et endossé le rôle de père de substitution. Benzema plaque ses mots sur leurs relations : « Je ne dirai pas que c'est mon père car j'en ai un, mais il me parle comme un père parle à son fils, pour qu'il réussisse. Il ne m'a jamais lâché. » Pourtant, le Portugais ne ménage pas ce fils parfois rebelle, le tacle sévèrement, par des mots choisis, en conférence de presse.

Le 29 janvier 2011, Benzema va voir son entraîneur. À cette époque, perdu, le Français traverse une période délicate. La presse espagnole murmure qu'il est placé sur une liste de joueurs en instance de départ. Plusieurs formations, notamment anglaises, se renseignent. Alors, avant une rencontre face à Majorque, Benzema s'enhardit. Il sollicite un entretien avec le coach à l'hôtel dans lequel le Real prend ses quartiers. Enfin, sollicite... Il coince Mourinho, l'oblige à se dévoiler : « Mister, c'est quoi le problème ? Vous voulez que je réussisse ici, avec vous, ou que je parte ? » Mourinho ne se vexe pas, ne se braque pas face à cette démarche qu'il aurait pu considérer comme un coup de force. Il discerne dans cette attitude un certain courage. Et, surtout, il se félicite de la non-acceptation par le joueur de son statut de remplaçant. Oui, il lui accorde sa confiance. Oui, il entend le conserver dans son effectif. « Je compte sur toi ! » Benzema, libéré, marque le soir-même.

Peu à peu, il maîtrise l'espagnol grâce à des cours pris avec un professeur, sort de sa coquille, se mêle aux conversations. Il réussit à vaincre sa timidité. Son temps de jeu augmente. Après avoir vécu durant ses premiers mois madrilènes à l'hôtel Mirasierra Suites, il s'installe à La Finca de Pozuelo, une résidence privée de luxe où a notamment vécu Raul, l'emblématique joueur du Real. Parmi ses voisins : Cristiano Ronaldo. Il est alors heureux dans sa propriété, même s'il met du temps à la meubler.

Plus tard, après la naissance de sa fille, il se résoud à déménager pour se rapprocher du centre d'entraînement du Real. Il perd en effet trop de temps dans ses trajets quotidiens, à cause des embouteillages. Son nouveau logement est situé à dix minutes du centre. Il arrive sur place à 9 heures 30 pour une séance à 11 heures, file aux soins, puis muscle ses abdos et ses jambes. Après l'entraînement, il effectue une nouvelle séance de musculation, prend un bain chaud et un bain froid, une méthode adoptée par nombre de footballeurs. Ensuite, il rentre chez lui et pouponne sa fille, comme il le raconte au *Parisien*. Dans sa nouvelle maison, il installe début 2015 des équipements de force pour se livrer à des séances personnelles de gainage, en enfilant un gilet spécial. Ses amis de Bron et sa famille lui rendent souvent visite.

En cette saison 2010-2011, le Real retrouve Lyon sur sa route en huitième de finale de la Ligue des champions. Relégué sur le banc à l'aller, Benzema entre et ouvre la marque sur son premier ballon (1-1). Au retour, le Real se promène (3-0) avec un but de Benzema qui obtient enfin le temps de jeu souhaité et affiche des statistiques conformes à sa réputation. La concurrence fait toujours rage, mais Benzema inverse la tendance négative. Mourinho le considère comme son titulaire à la pointe de l'attaque lors de la saison 2011-2012. Il brille face au FC Barcelone en Supercoupe (un but, deux passes décisives), participe au large succès du Real face à Lyon en phase de poules de la Ligue des champions (4-0, 2-0). En décembre, il entre dans la légende en inscrivant le but le plus rapide de l'histoire du *clásico*, le choc au sommet Real-Barcelone, après vingt et une secondes de jeu...

Il reçoit le trophée de joueur français de l'année 2011 attribué par *France Football* et remis au centre d'entraînement du Real, en présence de son frère Gressy et de l'incontournable Karim Djaziri. José Mourinho passe le féliciter, lui délivre une chaleureuse accolade. « Karim sort du lot dans son pays et ce n'est pas n'importe quel pays », jubile le Portugais. Réaliste, il ajoute : « Je suis d'autant plus heureux pour lui qu'au début de l'année on ne pouvait pas penser que Karim atteindrait le niveau qu'il a aujourd'hui. Mais grâce à son travail, ses efforts, sa personnalité, il est parvenu à acquérir ce nouveau statut. »

Benzema, lui, loue cet entraîneur exigeant qui a su le remettre « sur le bon chemin » et lui inculquer la rage de vaincre, n'hésitant pas à la provoquer. Il en profite aussi pour marteler que ses rêves de conquête du Ballon d'or demeurent intacts. Au moment de son transfert, Lyon n'a-t-il pas intégré une clause d'un montant de 1 million d'euros en sa faveur, si Benzema remporte ce prestigieux trophée individuel sous le maillot madrilène ?

Et, comme souvent dans la phraséologie de Benzema, se glissent entre les lignes les analogies familiales. Cette fois, le quasi-père de substitution s'incarne en la personne du président madrilène Florentino Pérez, avec lequel il entretient un lien très fort : « C'est quelqu'un de très important pour moi. Ce n'est pas un rapport père-fils, car je n'ai qu'un seul papa, mais le président est toujours derrière moi. Je l'apprécie énormément. » Pérez lui rend bien le compliment en le qualifiant de « subtil mélange entre Zidane et Ronaldo », l'ancien Brésilien du Real. Il concède que « sa » recrue est peut-être arrivée un peu tôt au Real... alors qu'il avait lui-même érigé sa venue en priorité absolue. Mais il reconnaît que le Français a su retourner un public initialement sceptique et certifie qu'il intègrera un jour le cercle des plus grands.

Parmi les journalistes qui suivent au quotidien l'actualité des « Merengues », un Français, Frédéric Hermel, installé dans la capitale espagnole depuis vingt-trois ans. Une figure du Real, suivie sur Twitter par Benzema, réputée pour sa parfaite connaissance du fonctionnement du club. D'abord journaliste d'informations générales, Hermel se spécialise dans le football lorsque Zinedine Zidane signe en faveur de la Maison blanche, en 2001. Il côtoie les fameux « Galacticos », réalise de multiples interviews d'eux pour *L'Équipe*, *France Football*, RMC. Il tient aujourd'hui une chronique dans le prestigieux journal *As* et participe à l'émission de débats « El Chiringuito » sur la chaîne Mega, émission que Cristiano Ronaldo apprécie.

« Je n'ai jamais mangé avec Benzema, mais je l'aime bien et je m'entends bien avec lui, nous explique avec enthousiasme Hermel le 8 décembre 2015. Je suis un journaliste français qui suit le Real, donc on me considère comme le spécialiste de Benzema. Mais je n'ai pas son portable, par exemple. Si nos rapports sont cordiaux, je n'ai pas de liens personnels avec lui comme avec Zidane. C'est aussi une question de générations. J'ai fait trois ou quatre interviews de Karim. Il est très timide et son attitude corporelle le dessert, à mon avis[1]. » Hermel ne se souvient d'aucun « problème » avec le joueur ou son agent. « Il y a beaucoup de fantasmes autour de Karim. » Le correspondant noue une relation de proximité et de confiance avec le président Florentino Pérez, à la tête du club entre 2000 et 2006 et depuis 2009.

Richissime PDG de l'entreprise de construction ACS, ancien homme politique, Pérez dirige d'une main de fer son Real peuplé de stars planétaires. Hermel le contacte directement lorsqu'il en éprouve le besoin pour vérifier une info à la source. « Il ne m'a jamais menti. Il aime beaucoup Karim, tout comme il apprécie son agent Djaziri, car celui-ci a insisté pour que le joueur reste à Madrid quand c'était compliqué, au début. » Il confirme que le « président parle de Karim en employant des mots presque paternels ».

Quand Benzema commence à inscrire des buts décisifs en série en 2011-2012, il provoque une volte-face radicale

---

1. Entretien avec les auteurs.

de la presse espagnole. Il endosse désormais le costume du sauveur. Il dépasse le nombre de réalisations de Zidane sous le maillot merengue, pulvérise ses statistiques personnelles avec un total de trente-deux buts et treize passes décisives, au sein d'une formation en état de grâce qui survole le championnat, remporte le titre à deux journées de la fin et atteint la barre symbolique des cent points avec cent vingt et un buts inscrits et seulement deux défaites. Barcelone pointe à neuf longueurs, un gouffre.

La saison 2012-2013 débute par une Supercoupe remportée face au Barça, mais ce succès résonne comme un mirage. L'effet Mourinho se dissipe, des dissensions internes minent le vestiaire qui vit sous tension. Iker Casillas, le gardien de but espagnol, véritable icône, entre en guerre ouverte avec l'entraîneur qui a « cassé » son statut d'intouchable. Casillas et les joueurs espagnols font bloc contre le « clan des Portugais ». Cristiano Ronaldo, lui, se détache petit à petit de Mourinho. L'entraîneur n'est pas intervenu pour lui ouvrir les portes du bureau de Florentino Pérez quand il s'était déclaré « triste » et souhaitait être accueilli en star par le président. Autre facteur de trouble : Mourinho et la presse entretiennent des relations détestables.

Benzema reste la plupart du temps à l'écart de ces conflits à répétition. Pas question pour lui de revivre des périodes complexes avec « Mou ». L'attaquant se mue en spécialiste du *clásico*, inscrivant son cinquième but lors de ce sommet planétaire en mars 2013 (victoire 2-1).

Le Real de Mourinho ne remporte plus aucun trophée et le Special One repart à Chelsea. Son successeur ? L'Italien Carlo Ancelotti, entraîneur politique, nettement moins extraverti que son prédécesseur, qui ramène la paix au sein de l'effectif. Le calme après la redoutable tempête.

Benzema, à l'image de ce qu'il a accompli à Lyon, vient enfin à bout de la concurrence : Higuain file pour cinq ans à Naples en juillet 2013. Hermel recueille souvent les confidences d'Ancelotti, qu'il apprécie énormément. « L'entraîneur italien a fait de Karim "son" attaquant. Il l'adorait et se félicitait de le compter dans son effectif. Il m'a affirmé un jour : "Quelle chance j'ai d'avoir un attaquant comme lui, pas égoïste du tout. C'est ce qui est indispensable pour que cela fonctionne avec Cristiano Ronaldo[1]." » Ancelotti érige en inamovible titulaire ce buteur qui joue avec les autres. Il considère Benzema comme l'un des plus grands joueurs – et ils sont nombreux tant il a dirigé de stars – ayant évolué sous ses ordres. En novembre 2014, le Real boucle une incroyable série de vingt-deux victoires consécutives.

Rassuré par la présence de Zidane comme adjoint, période qui permet aux deux Français d'amorcer un rapprochement décisif, Benzema participe à la conquête de la fameuse Decima, le dixième titre du Real en Coupe ou Ligue des champions, après ceux de 1956, 1957,

---
1. Entretien avec les auteurs.

1958, 1959, 1960, 1966, 1998, 2000 et 2002. Comme un symbole pour Benzema, le dernier succès avait consacré Zidane au firmament grâce à un but extraordinaire face au Bayer Leverkusen (2-1) à Glasgow juste avant le Mondial 2002. L'AC Milan (sept succès) est distancé. Le Real entre dans l'histoire. Carlo Ancelotti touche au Graal pour la troisième fois en tant qu'entraîneur après 2003 et 2007 avec l'AC Milan.

Diminué physiquement à la suite d'une blessure à la cuisse, Benzema est pourtant titularisé lors de cette finale historique du 24 mai 2014 au stade de la Luz à Lisbonne, face à l'Atlético Madrid. Le Real s'impose 4-1 après prolongation alors que Sergio Ramos a égalisé dans le temps additionnel. Benzema, lui, est sorti à la soixante-dix-neuvième minute. Champion d'Europe, il boucle sa saison avec vingt-quatre réalisations et quinze passes décisives. Juste avant de rejoindre les Bleus à Clairefontaine avec son coéquipier Raphaël Varane, il atteint le sommet du football européen. À vingt-six ans, ému, il confie réaliser un « rêve de gosse », se réjouit de marcher sur les traces de Ronaldo, de renvoyer l'ascenseur au président Florentino Pérez, inamovible soutien. Il se régale en enchaînant les matches, enfin considéré comme indiscutable titulaire. Régulier, altruiste, Benzema a su séduire Carlo Ancelotti, franchir avec lui la barre des cent buts sous le maillot du Real, devenir membre du trident magique, le BBC (Bale, Benzema, Cristiano). Il appose sa griffe sur cette saison mémorable, notamment par un but en demi-finale européenne, face au redoutable Bayern Munich (1-0, 4-0).

Après la Decima, le Real doit prouver à ses supporters exigeants qu'il n'est pas repu de victoires. Benzema prolonge son contrat pour trois saisons supplémentaires. Le voilà lié avec le club de Di Stefano jusqu'en 2019. La saison 2014-2015 débute par un succès en Supercoupe d'Europe, face au FC Séville (2-0), se poursuit en décembre par une victoire de prestige face à San Lorenzo (2-0) en Coupe du monde des clubs. Benzema marque face à Barcelone (3-1) en septembre, est nommé capitaine le 29 octobre lors d'une rencontre de Coupe du Roi. Toutefois la saison débouche sur le limogeage d'Ancelotti, pourtant soutenu par le vestiaire, mais en désaccord avec son président. Il laisse la place au très austère Rafael Benitez. Ce dernier ne milite pas en faveur de Benzema à son arrivée, désireux de faire bouger les lignes, de rompre avec l'héritage. Mais il change vite d'avis...

Benzema brille de mille feux, inscrit sept buts en huit rencontres et signe sa quarante-troisième réalisation en Ligue des champions face à Donetsk (4-0) le 15 septembre 2015. Il rejoint alors Zlatan Ibrahimovic au dixième rang des meilleurs buteurs de la Ligue des champions. Cristiano Ronaldo, auteur d'un triplé face aux Ukrainiens, trône en tête de ce classement devant Lionel Messi, Raúl, Ruud van Nistelrooy, Thierry Henry... En laminant Malmö (8-0) le 8 décembre, Benzema porte même son total à quarante-six buts en soixante-dix-sept matches, alors que CR7 culmine désormais à quatre-vingt-huit réalisations. Dans l'intervalle, Benzema dispute le match France-Arménie (4-0) du 8 octobre. Il met un terme à un an de disette avec les Bleus en inscrivant un doublé mais se blesse, ce qui provoque une polémique. Deschamps indique à l'issue de la rencontre que le joueur a « ressenti une petite gêne musculaire aux ischio-jambiers » et certifie : « Ce n'est pas grave, mais il y a un petit quelque chose. » Les examens médicaux réalisés à Madrid révèlent en fait une lésion musculaire du biceps fémoral de la jambe gauche. Benitez ravive la querelle entre les clubs et les sélections et estime que Deschamps aurait pu (dû) ménager le joueur comme lui s'y applique. Didier Deschamps, le lendemain, réplique : « Quel que soit le club, on échange avec nos homologues. Karim est arrivé après avoir fait un match. On lui a aménagé un planning personnel pour prévenir d'éventuels soucis. Regardez le nombre de blessures lors de ces matches internationaux. Je regrette la blessure de Karim pour lui, pour nous et pour son équipe. »

Benzema manque la double confrontation de Ligue des champions face au PSG (0-0, 1-0 pour le Real) avant de revenir pour le plus grand plaisir de ses coéquipiers. « Cristiano Ronaldo, par exemple, l'apprécie beaucoup, il me l'a dit personnellement en janvier 2014 », confie Frédéric Hermel. Le Portugais affiche publiquement son affection après Real-Bilbao (5-0) en octobre 2014, match au cours duquel CR7 offre un but à Benzema : « Je suis heureux pour Karim. C'est le meilleur attaquant de la Liga. Il fait un travail phénoménal. » Quelques jours après, au moment de la rencontre France-Portugal (2-1), Ronaldo lance à son coéquipier du Real, en français : « Ça va, mon frère ? »

Intelligemment, l'enfant de Bron s'est mis au service de Ronaldo. Quand on lui demande s'il n'est pas las de se sacrifier pour le Portugais, il rétorque : « Je joue au foot, je ne me sacrifie pas. » Dimanche 3 janvier 2016, lors de la rencontre de Liga Valence-Real (2-2), Benzema marque à la seizième minute un but splendide, à la suite d'un magistral mouvement collectif qu'il amorce avec Bale. Celui-ci talonne pour Ronaldo qui remise avec maestria de l'extérieur pour Benzema. Le Français inscrit du pied droit son douzième but de la saison en championnat. Son entraîneur, Benitez, alors menacé d'être remplacé, le sort à la soixante-septième minute. Benzema est confronté aux moqueries du public du stade Mestalla de Valence qui scande des « Valbuena, Valbuena ». L'avant-centre reste de marbre.

La courte ère Benitez à la tête de la Maison blanche touche à sa fin. Le vestiaire ne le supporte plus, les dirigeants lui retirent leur confiance. Lundi 4 janvier 2016, le président Pérez tranche dans le vif. Il prend une « décision très grave » selon ses propres mots, écarte Benitez et intronise son ex-joueur préféré, dont il est si proche, le Français Zinedine Zidane. Zizou, titulaire du diplôme d'entraîneur depuis 2015, devient le quarante-septième coach du Real, le premier Français, le onzième aussi en treize années de présidence Pérez, signe d'instabilité. « Je vais faire mon possible pour que le Real remporte plusieurs trophées à la fin de la saison », promet-il, très classe en veste bleue sur chemise blanche. « Merci de me donner la chance d'entraîner cette équipe. Nous avons le meilleur club du monde, le meilleur public du monde. » Il pose sur la photo en famille, avec son épouse Véronique et ses quatre fils, Enzo, Luca, Théo et Elyaz. Comme pour symboliser que le Real et les Zidane forment une seule et même famille. Fier de cet accomplissement, Zidane semble déjà à sa place.

C'était écrit… Après être devenu conseiller sportif du président en 2009, il a gravi les échelons madrilènes pour diriger l'équipe réserve, la Castilla, avant de franchir la dernière marche. Une ascension programmée, même s'il ne souhaitait pas entraîner lorsqu'il était joueur. Comme un symbole, les télévisions du monde entier retracent son parcours madrilène et montrent la photo de Zidane et de Benzema ensemble, immense sourire sur le visage, tenant le trophée après la Decima.

Pour Benzema, la nomination de Zidane est une excellente chose. Le nouvel entraîneur peut redonner la joie de jouer à une équipe qui semblait avoir perdu une partie de son âme. Le Real de Zidane devrait renouer avec la tradition du spectacle, privilégier l'offensive à la morosité. Le premier match de l'ère Zidane se solde par un large succès (5-0) face à La Corogne, pour le compte de la dix-neuvième journée du championnat d'Espagne, le 9 janvier 2016. Gareth Bale inscrit un triplé, Karim Benzema un doublé. Il porte son total de buts à cent un en deux cent deux rencontres de Liga. Le Français ouvre le score, comme si souvent au Real, dès la quinzième minute grâce à une subtile déviation d'une talonnade.

Mais les premiers nuages surviennent rapidement. Jeudi 14 janvier, le Real et l'Atlético Madrid sont interdits de recrutement par la Fifa pendant un an pour des infractions sur le recours à des joueurs mineurs. Un coup dur pour Zidane, qui se verrait privé de possibilité de renforcer son équipe lors des deux prochains marchés des transferts de l'été 2016 et de l'hiver 2017. Le Real fait rapidement appel de cette décision, tout comme l'Atlético, en dénonçant une sanction « injuste ».

La Fifa interdit d'engager des mineurs étrangers (seize ans pour les Européens) sauf exception. Huit cas ont été sanctionnés au Real, parmi lesquels deux des fils de Zidane, qui évoluent dans les équipes de jeunes. Zizou lui-même estime que cette affaire n'a pas de sens. Heureusement, sur le terrain, tout va bien. Le Real enchaîne face à Gijón et espère une seconde partie de saison tonitruante. Un premier accroc survient avec le match nu! (1-1) sur le terrain du Betis Séville. Benzema se créé plusieurs occasions et inscrit le but égalisateur, son cent cinquante-quatrième en trois cent un matches. Un peu plus d'un but toutes les deux rencontres. Il intègre le top 10 des meilleurs buteurs de l'histoire du club et se fend d'un tweet exprimant sa fierté. Il choisit soigneusement le hashtag

#ThereWillBeHaters, louvoyant entre provocation, ironie, cynisme et dépit.

Benzema a su trouver sa place au sein d'un effectif de stars, d'un club très « politique ». Certes, l'ex-Lyonnais n'est pas un ambianceur, mais il fait découvrir du rap à ses coéquipiers, preuve de leur bonne entente. « Il est adoré dans le vestiaire », ajoute Hermel. Au sujet de Benzema, il est saisissant de constater à quel point la différence entre l'opinion des gens qui travaillent avec lui et le jugement des autres, de tous les autres ou presque, qui ne le connaissent pas, est énorme. Les médias véhiculent une image négative de l'attaquant international, que l'opinion publique traite également sans aménité. En revanche, ses coéquipiers ne l'ont jamais lâché. Autre fait notable : le fossé se creuse également entre son image en France et la perception que les Espagnols ont de lui.

III.

LES RÊVES ÉVANOUIS ?

1.

Docteur Karim et Mister Benzema

Il en rêvait, de ce jour. Sur son visage si souvent impassible flotte un imperceptible sourire. Le bus des Bleus a quitté Clairefontaine comme pour un pèlerinage, escorté des espoirs de toute une nation. Voici qu'apparaît le Stade de France, qui exhale pour Karim Benzema son parfum de gloire. Dans le musée ouvert au public, un véritable foisonnement de trophées, de souvenirs, de clichés commémorant les plus belles victoires, retraçant les plus vives émotions, Benzema n'est pas oublié. Il pose sur la photo des vainqueurs de la Coupe de France 2008 (Lyon-PSG 1-0). Une autre image le montre au cours de la rencontre Lille-Lyon, disputée à Saint-Denis le 1er mars 2008.

L'avant-centre connaît les arcanes de ce stade, notamment la fameuse VDI, voie de desserte interne, si souvent arpentée par le bus des joueurs, deux heures avant le coup d'envoi. Il entre dans l'enceinte, regarde les panneaux. Ce vendredi 10 juin 2016 à 21 heures, la France affronte la

Roumanie à Saint-Denis, dans le cadre du match d'ouverture de l'Euro. Benzema connaît les entrailles du vaisseau amiral du sport français. La zone mixte se situe à droite en entrant. Le vestiaire de l'arbitre est équipé de brouilleurs de portables pour empêcher l'homme en noir de téléphoner, ou de recevoir un appel, avant le coup d'envoi. Histoire d'éviter toute pression venant de l'extérieur ou de se prémunir de toute polémique liée à une conversation téléphonique des arbitres. Benzema file vers le vestiaire nord, rénové pour le championnat d'Europe et occupé par les Bleus. Raymond Domenech, par superstition, n'entendait occuper que le vestiaire sud. Mais ça, c'était avant.

Il abrite tout le confort moderne : casiers en bois de hêtre, jacuzzi, bain de glace, tables de massage. Et puis, à côté, se cache la salle d'échauffement aux lumières plus fortes pour habituer les yeux des joueurs aux projecteurs du stade. Une salle insonorisée, car l'équipe adverse occupe la même, juste de l'autre côté. Un filet tendu empêche les joueurs de briser les ampoules au plafond, ce qu'ils faisaient auparavant par inadvertance, par insouciance, ou pour se tester dans des exercices improvisés de précision.

Après l'échauffement, le retour aux vestiaires, les dernières consignes, la file indienne des joueurs qui se pressent dans le hall, le couloir, le bruit amplifié des crampons sur le sol et, enfin, l'étourdissement, les clameurs. Un coup d'œil vers sa famille, comme avant toutes les rencontres. Benzema sait par avance dans quelle tribune ses proches s'installent et repère l'emplacement. Comme toujours. Un rituel immuable observé par les joueurs qui s'approprient de ce fait le stade. Bien entendu, lorsqu'ils évoluent à domicile en club ou en sélection, la mission s'avère plus facile. À l'extérieur, ils se renseignent souvent la veille de la rencontre, lors de la traditionnelle séance d'entraînement, auprès du chef de presse pour savoir dans quelle tribune leur famille prendra place.

Benzema est transcendé par l'Euro dont il rêve depuis si longtemps. Entouré de ses copains, il s'est promis de remporter ce prestigieux match d'ouverture et a déjà imaginé le parcours des Bleus jusqu'à la finale, elle aussi disputée dans ce lieu mythique de Saint-Denis, le 10 juillet. Si les Bleus pouvaient être sacrés ce soir-là champions d'Europe, comme leurs célèbres devanciers avaient été sacrés champions du monde en 1998...

En attendant, après la Roumanie, la France affrontera dans un groupe A largement à sa portée l'Albanie, le 15 juin à Marseille, puis la Suisse, le 19 juin à Lille. Roumanie, Albanie, deux blocs hermétiques, deux défenses de fer, que Benzema devra perforer. Ou, plutôt, aurait dû perforer...

Pour lui, le rêve risque de se transformer en cauchemar. Et le Stade de France en illusion, terminus de ses espoirs de conquérir le titre continental avec l'équipe nationale. Noël Le Graët l'ayant déclaré « non sélectionnable » en décembre 2015 en raison de l'affaire de la sextape de Mathieu Valbuena, il est loin, si loin des Bleus... Une équipe au sein de laquelle il a déjà vécu tant d'aventures. Il a connu des moments délicats, surmonté une traversée du désert liée à une longue période de disette sans inscrire le moindre but. Benzema n'a pas été épargné par de vifs débats autour de son implication chez les Bleus. Son niveau de jeu réel en équipe de France engendre souvent polémiques et remises en question.

Après son malencontreux forfait initial pour cause de blessure, il effectue pourtant ses premiers pas en équipe de France dès le mercredi 28 mars 2007. Entré en jeu à la mi-temps au sein d'une équipe rajeunie, il inscrit le but vainqueur face à l'Autriche (1-0) en amical, en reprenant directement un coup franc en retrait de Samir Nasri. Avec son numéro 20, son visage poupin, il fête son but avec un sourire angélique comme s'il planait, bras écartés. Avant la rencontre, certains avaient critiqué la sélection du jeune Benzema en reprochant par anticipation à Domenech de risquer de le « griller »…

Lors des éliminatoires de l'Euro 2008, il réalise un doublé le 13 octobre 2007 aux îles Féroé (6-0). Il remplace alors Nicolas Anelka à la pause. Domenech le retient dans sa liste des vingt-trois pour l'Euro. Mais le parcours des Bleus dans cette compétition se résume à une confrontation entre deux générations, les anciens et les nouveaux. Benzema reconnaît ultérieurement le manque d'harmonie entre les deux groupes, sans admettre que les jeunes aient cherché à écarter leurs glorieux aînés. Les mentalités hétérogènes et les motivations disparates ont mis à mal la cohésion des Bleus. C'est un fiasco intégral.

Après cet Euro 2008 raté, Benzema se félicite d'une discussion collective qui se tient au mois d'août avant d'affronter la Suède en amical. Elle permet selon lui de fixer la ligne directrice, notamment de se rapprocher des supporters. La France s'impose (3-2), guidée par son nouveau capitaine, Thierry Henry.

La vie des Bleus s'apprête à suivre le rythme chahuté des relations entre Benzema et Domenech, deux hommes à l'ego très fort. Pour le moment, tout va bien. Lorsque Benzema inaugure son site Internet à Lyon, par exemple, Domenech se déplace exprès de Paris.

Quelques semaines après l'Euro 2008, le sélectionneur se compare tout simplement à un… condamné à mort. Il conserve sa place à la tête des Bleus, de justesse, mais est contesté par une partie de l'opinion et par certains anciens champions du monde 1998. Ils auraient aimé le remplacer par Didier Deschamps. Domenech se sait en sursis. La campagne qualificative à la Coupe du monde 2010 commence mal : la France s'incline en Autriche (1-3), sa troisième défaite d'affilée en compétition officielle. À la veille du décisif France-Serbie du 10 septembre 2008, alors que bruissent les rumeurs de son éviction en cas de contre-performance, Domenech s'emporte à Clairefontaine en conférence de presse, lors d'une tirade restée célèbre à l'adresse des journalistes. « L'odeur du sang vous intéresse. Je tiens à dire que je suis content d'une chose : les lois d'exception et la guillotine n'existent plus, sinon certains parmi vous se feraient un malin plaisir de m'envoyer sur l'échafaud. » En colère, mais d'une voix serrée par l'émotion et la rage contenues, il poursuit : « Je n'ai tué personne. Peut-être que, si j'avais tué quelqu'un, j'aurais bénéficié de circonstances atténuantes. »

Le lendemain, au Stade de France, devant « seulement » cinquante-trois mille spectateurs qui demandent sa démission, Domenech sauve sa tête. Les Bleus s'imposent (2-1) avec Yoann Gourcuff à la baguette. Un perdant : Karim Benzema. Trop individualiste, semblant peu concerné, égaré dans sa relation avec Thierry Henry, il est remplacé à la mi-temps par Nicolas Anelka qui inscrit le second but. Le destin de Benzema en Bleu sous l'ère Domenech est scellé ce jour-là. Le sélectionneur, à l'heure d'une rencontre cruciale pour son avenir, espère un électrochoc chez ses joueurs. Il cherche des soutiens, des « guerriers », pour un rendez-vous sous adrénaline. Il sait qu'il a peut-être prononcé sa dernière causerie. Avant le match, Domenech se place devant la porte du vestiaire, où règne une forte tension. Il serre la main aux joueurs qui s'apprêtent à entrer sur la pelouse. « Raymond est extrêmement attentif au regard des gens lorsqu'il serre la main, raconte l'une de ses proches. C'est très important pour lui dans sa relation aux autres. » Ce soir-là, Benzema le regarde à peine et sa poignée de main est molle. Domenech s'inquiète. À juste titre. L'attaquant, hors sujet, sort à la pause.

Quelques jours plus tard, Benzema esquive les questions en attribuant l'initiative du débat sur son niveau chez les Bleus aux seuls journalistes. Il leur reproche de se focaliser sur une sempiternelle question : l'attaquant affiche-t-il le même niveau en club qu'en sélection ? Il analyse son match contre les Serbes en mettant en avant le peu de ballons touchés. Le 9 octobre, il soutient publiquement Domenech. À deux jours du match capital Roumanie-France (2-2), il explique que Domenech l'a lancé, qu'il connaît les joueurs et conclut que ce ne serait « pas forcément une bonne solution de l'enlever de l'équipe de France ». Pour obtenir ce précieux soutien dans le contexte brûlant de la période, Domenech a appelé l'agent Karim Djaziri qui se trouve alors à Paris. Les deux hommes se rejoignent gare Montparnasse, près du domicile de Domenech. « Il avait commencé son lobbying dès le retour de l'Euro[1] », explique au téléphone Djaziri, le 7 décembre 2015. Le duo a trouvé un terrain d'entente. Benzema utilise même le terme d'idiot pour qualifier l'éventuel projet visant à écarter le sélectionneur.

Malgré ce soutien affiché, le divorce approche, inexorable. Le contrat de confiance entre les deux hommes est mis à mal à l'occasion d'un match des Bleus. Selon nos informations, il s'agit de France-Tunisie, le 14 octobre 2008 au Stade de France. Au moment de participer à l'entraînement de veille de match, Karim Benzema se plaint d'une gêne musculaire. Domenech, sceptique, lui demande tout de même de participer au début de la séance, traditionnellement ouverte aux médias lors des quinze premières minutes. Le coach se tient les bras croisés, droit, imperturbable, sur le bord

---

1. Entretien avec les auteurs.

du terrain, fixant l'attaquant pour évaluer sa condition physique. Il souhaite que les médias puissent constater eux-mêmes que Benzema est diminué, si tel est le cas. Domenech place les joueurs face à leurs responsabilités. Impossible de se dérober. Effectivement, l'avant-centre a la mine renfrognée des mauvais jours, indique qu'il ne se sent pas apte à continuer et sort du terrain. Contrairement aux usages en vigueur, il n'attend pas la fin de la séance mais remonte directement aux soins, à Clairefontaine.

Pourtant, le 13 au soir, il indique au kinésithérapeute de l'équipe ne pas avoir mal. Perplexité du staff... Le lendemain matin, le sélectionneur s'enquiert de la santé du joueur. Pour obtenir une réponse définitive, il coince Benzema au moment de la causerie, à 17 heures. Le buteur explique qu'il ressent une petite douleur mais... se sent en état de jouer. Revirement entériné dans la foulée. Domenech alerte Thierry Marszalek pour qu'il modifie la composition d'équipe sur la vidéo en intégrant Benzema aux onze titulaires. Marszalek, responsable du pôle documentation, informatique et vidéo à la Fédération française, spécialiste des montages vidéo individualisés dont raffole Benzema, s'exécute.

Aligné d'entrée lors de cette rencontre amicale remportée (3-1) par la France mais restée tristement célèbre à cause des sifflets qui accompagnent *La Marseillaise*, l'avant-centre, peu efficient, marque un but à la cinquante-huitième minute. Il bénéficie d'un travail remarquable de Rod Fanni sur le côté droit. Celui-ci élimine deux adversaires, mais son centre est renvoyé par la défense tunisienne qui ne parvient toutefois pas à relancer proprement. Benzema récupère alors le ballon juste devant la surface de réparation, se met en position de frappe en pivotant et distille une frappe-à-la-Benzema qui se loge en lucarne. Domenech le sort dans la foulée au profit de Florent Sinama-Pongolle.

Le staff s'est beaucoup interrogé sur la réalité de la gêne musculaire de l'avant centre, alors que Lyon disputait la semaine suivante une rencontre de Ligue des champions à Bucarest face au Steaua (5-3, doublé de Benzema)…

En ce mois d'octobre 2008, le Lyonnais adopte une stratégie défensive. Il balaie encore la thèse selon laquelle il n'a « pas le niveau » chez les Bleus en renvoyant à ses buts inscrits en Ligue des champions. Il se défend d'être égoïste, individualiste. Certains le critiquent pour avoir agi auprès de l'intendant des Bleus afin de récupérer le numéro dévolu à Sidney Govou. Il n'aime pas le 9 et, lorsqu'on lui a demandé quel numéro il souhaitait porter, il a répondu le 10, comme à Lyon. Il désamorce cette nouvelle polémique, dément que Govou ait exprimé son mécontentement à la suite de cette « affaire ». Puis il lance l'offensive dans *L'Équipe Magazine*, avec une rhétorique surprenante de sa part. En substance, il s'interroge : mais qui veut sa peau ? « Il y a des gens qui veulent me faire tomber. Des journalistes, des agents. Parce que je passe à la télé que je réussis. » Jérôme Cazadieu, le reporter, lui demande alors s'il vise Alain Migliaccio, l'agent de Zidane. Il répond indirectement, assure que Migliaccio n'est pas venu le voir et indique – à toutes fins utiles – qu'il est « très bien » avec Karim Djaziri, son agent. Il réfute la théorie selon laquelle Franck Ribéry a tenté de l'inciter à venir au Bayern Munich sur l'insistance de son conseiller, qui n'est autre que Migliaccio. Le système Benzema résiste aux convoitises.

L'Équipe Magazine évoque face à lui les critiques émises par les anciens de 1998, notamment Zinedine Zidane. L'icône du football français, pour une fois, se lâche et discerne chez les Bleus un Benzema « pas à l'aise », un joueur qu'il n'a « jamais vu très bien dans ses baskets ». Benzema déteste ce genre de tacles médiatiques, alors qu'il accepte d'être critiqué en tête à tête. Il réplique : « Je ne fais pas attention à ça. N'importe qui peut me critiquer, je reste concentré sur mes performances. Mon temps d'adaptation est plus long en équipe de France qu'avec Lyon. » Zidane a dû apprécier le « n'importe qui »… Benzema s'avoue un peu déçu. « Zidane, c'est un très grand joueur. Mais il y en a plein d'autres. Romario, Rivaldo. Moi, mon modèle, c'est Ronaldo, alors que, pour tous les gens de mon âge, c'est Zidane. » Zidane, à propos duquel il a indiqué dans « La Boîte à questions » du « Grand Journal », sur Canal +, qu'il ne paierait « rien » pour jouer avec lui.

Benzema est en effet invité par Michel Denisot le 7 janvier 2008 en compagnie d'Alain Delon, qui vient présenter le film *Astérix aux Jeux olympiques*. L'auteur s'extasie : « Tu ne seras jamais Zinedine Zidane parce que tu seras Karim Benzema. » Benzema promet : « Je veux rester le même. »

Les rapports entre Zidane et Benzema ne se stabilisent qu'une fois Benzema transféré au Real. Vincent Duluc relève l'absence de fluidité dans la relation entre ZZ et KB : « Au tout début, cela a pris la forme d'un non-dit. Il existait un manque de naturel. Le duo Benzema-Djaziri avait d'ailleurs les boules. Tout a vraiment changé plus tard, quand Zidane est devenu entraîneur adjoint au Real. » Le champion du monde découvre alors Benzema, passe du temps avec lui. « Zidane apprécie qu'il ne soit pas un branleur et qu'il bosse. Il s'entraîne à fond, finit tard, ne rechigne pas à la tâche » poursuit Duluc. Zizou, alors spécialiste du secteur offensif, conseille Benzema sur son placement, les appels, les coups de pied arrêtés, se concentre sur les fameux détails qui font la différence à haut niveau, le protège face aux critiques tel un « grand frère ». Grand frère... Toujours ce besoin systématique, pour Benzema, de refonder une famille une fois séparé de son cocon originel. Il ne peut gérer la solitude. D'où son irrépressible volonté de garder contact avec les siens, bien entendu, mais aussi avec ses amis d'enfance, avec cet entourage de Bron aussi essentiel que sulfureux.

Benzema-Zidane ? Une relation d'abord balbutiante, Zidane attendant un signe, Benzema ne lui envoyant aucun message. Trop fier, peut-être, pour réclamer de l'attention, comme un enfant capricieux, ou timide. Puis une relation « puissante », selon Benzema. Les deux hommes procèdent à des séances vidéo pour décrypter le jeu. Et, lorsque Zidane, devenu désormais pour lui Zizou, le complimente et qualifie son talent de monstrueux, avouant prendre un « coup de vieux » avec lui, Benzema s'avoue « ému ». Il se rend dans son bureau, lui téléphone, déjeune parfois en la compagnie du champion du monde au centre d'entraînement. Ils se souviennent d'un match au cours duquel Zidane louait le jeu de Karim Benzema. Le père de ce dernier, Hafid, tellement exigeant, l'avait coupé net en déplorant que son fils ne marque pas assez de buts.

L'ancien maestro des Bleus et du Real ne le laisse jamais dans sa zone de confort, le stimule. En 2012, à Madrid, Zidane régale son « héritier » d'une superbe passe, un « caviar » à l'entraînement. Zidane loue son talent, tout en lui attribuant encore une grosse marge de progression. Il le pousse à travailler devant le but les veilles de match, le stimule en effectuant des une-deux avec lui, lui fait répéter ses gammes, inlassablement, pour que s'imprime en lui le geste juste. Il lui montre des images de ses buts, analyse les sorties des gardiens adverses. Il espère le transformer en « vrai tueur » des surfaces avec des objectifs sommitaux, se reconnaît dans ce joueur peu loquace. Il lui conseille de se muer en leader sans attendre, comme lui, d'atteindre le cap des trente ans. Les deux complices refont le match, la finale de la Coupe du monde 2006 entre la France et l'Italie et la fameuse « Panenka » sur penalty de Zidane. Benzema cherche à se faire une idée de ses émotions lors de ses deux finales de Coupe du monde. Zidane lui recommande de profiter au maximum de ces moments rares. Voilà au moins un front stabilisé. D'autres restent ouverts.

Le 1er avril 2009, Benzema ne figure pas parmi les titulaires français face à la Lituanie (1-0). L'information surprend de nombreux observateurs, car Peguy Luyindula lui est préféré. La presse diagnostique un « malaise » Benzema et critique les choix tactiques du coach Domenech. Fin août, le sélectionneur se déplace à Madrid avant un match du Real contre Rosenborg (4-0). Alors qu'il n'a pas été utilisé lors du déplacement victorieux (1-0) aux îles Féroé le 12 août, le buteur dispose ainsi d'une opportunité pour comprendre les motifs de sa disgrâce. Il résume cette conversation : « On a eu une bonne discussion. Ça fait toujours plaisir quand le sélectionneur se déplace pour vous voir. Le fait d'avoir parlé avec lui me permet de mieux savoir ce qu'il attend de moi. Il me faut un match référence, un match qualificatif où je fasse la différence. Je sais que ça va bientôt arriver[1]. »

Une nouvelle escarmouche entre les deux meilleurs ennemis survient en septembre-octobre 2009. Dans « Téléfoot », sur TF1, décidément une émission qui l'inspire et dans laquelle il annonce présenter chaque mois les coulisses du Real pour un véritable « feuilleton », Benzema crache son venin. Il revient sur sa motivation aléatoire lors de France-Roumanie (1-1) le 5 septembre 2009, lorsqu'il a remplacé Yoann Gourcuff à la soixante-treizième minute : « En club, ça se passe super-bien mais en équipe de France, je ne sais pas, ça ne se passe pas bien. Je ne joue pas pareil, je ne suis pas trop en confiance. Sur la rentrée dernière, j'étais tellement déçu que je n'avais pas forcément envie de jouer, envie de tout donner. » Il va plus

---

1. *L'Équipe*, août 2009.

loin en indiquant ne rencontrer aucun problème avec Domenech, mais s'interroge : « Il faut lui demander par contre s'il n'en a pas avec moi. » Le tout d'un ton froid, dénué de tout sentimentalisme. Domenech, qui a acheté une maison en Bretagne, réplique dans une interview au *Télégramme de Brest* : « Ce qu'il dit est inadmissible. C'est une erreur de le faire, une erreur de le dire. Mais, derrière, il dit qu'il a compris que, même s'il doit rentrer cinq minutes, il montrera quelque chose. Je retiens ça. Je ne condamne pas des gens sur une phrase. Que Karim montre sur le terrain que la dernière phrase qu'il a dite est plus importante que celles d'avant[1]. »

L'ultime clash se produit avant la Coupe du monde 2010. Même s'il a disputé huit des dix rencontres éliminatoires, Benzema est écarté par Domenech pour le délicat barrage face à l'Eire. La qualification obtenue, il ne réintègre pas le groupe Bleu pour la Coupe du monde sud-africaine. André-Pierre Gignac lui est préféré. Même s'il promet par la suite avoir digéré la déception, Benzema ne décolère pas. « Je m'en fous de cette personne ! Je n'ai plus envie de parler de cette personne », balance-t-il plus tard à *France Football* au sujet du coach. « Karim le soutient en 2008, il ne le prend pas en 2010 », déplore son agent. Benzema va se venger en enregistrant une chanson avec son ami rappeur Rohff, très virulente à l'encontre du sélectionneur.

---

1. « Benzema, Larqué, l'affaire Henry : Domenech tire à vue », *Le Télégramme de Brest*, 1er octobre 2009.

Bernard Lacombe, lui, n'a toujours pas compris comment et pourquoi Domenech s'était privé de l'attaquant. Le conseiller de Jean-Michel Aulas à l'OL occupe un rôle important auprès de Benzema lors de ses années lyonnaises. Entre les deux hommes, la passion du foot, la passion du but, la passion de l'avant-centre. Énormément de regards, de tendresse respectueuse. Peu de mots, mais des mots justes. Chaque vendredi, dans le bureau du conseiller spécial du président Aulas, une « réunion » se tient entre eux, un entretien, comme un rituel. Lacombe raconte : « La veille des matches à Gerland, il venait ici et on marchait tous les deux jusqu'au stade. Je lui parlais du poste, du regard. Je lui disais : "Observe bien à l'entraînement et tu sauras qui te donnera des ballons dimanche. Le foot a un langage que tu dois comprendre." Ou encore : "La surface, elle est à toi, elle t'appartient. Ici, c'est toi qui décides." »

Dans *L'Équipe*, il raconte aussi qu'il ne se prive pas, avec gentillesse, de placer le jeune buteur face à ses responsabilités. Après un match contre Nantes totalement manqué par son « élève », Lacombe lui demande ironiquement s'il a assisté à une bonne partie car il était mieux placé que lui, installé en tribune... Généralement, quand l'enfant de Bron rate un match, Lacombe le « débriefe » trois jours après. Il lui recommande d'éviter la frustration, l'énervement, le découragement. De toujours rester dans sa partie, concentré, attentif. Benzema argumente, se considère davantage passeur que son illustré aîné. Le conseiller d'Aulas n'hésite pas à lui recommander de se méfier de cette facilité qui frôle la suffisance. Mais il admire les enchaînements, les dribbles, les gestes de classe et même les touches de l'extérieur du pied, à la Zidane. Lacombe le Lyonnais, ancien avant-centre de l'OL (1968 à 1978) puis de Saint-Étienne et Bordeaux, international (trente-huit sélections, douze buts) avec à la clé une victoire à l'Euro 84, est proche de Karim Benzema. Pas comme un père de substitution, mais comme un père spirituel en matière footballistique : « Bernard me connaissait depuis mes quinze ans, et il est plus âgé que mon papa. Une complicité s'est créée entre nous. »

Attentif aux performances de tous les attaquants de l'OL, Lacombe admet le caractère particulier de son amitié avec Benzema. « Avec lui, c'était différent. » Lacombe le voit évoluer très jeune sur la plaine de jeux de Gerland et, admiratif, alerte illico le président Aulas pour lui parler de ce joyau. Il raconte bien plus tard cette anecdote à Benzema en lui rendant visite à Madrid, avant une rencontre européenne entre Lyon et le Real. Il confie sous l'œil des médias que « voir Karim partir, ça a été dur ». Il lui répète les yeux dans les yeux : « Ton départ, ça m'a fait mal au cœur. Oui, j'étais déçu. Mais je me mets à ta place, je te comprends. C'est comme les occasions de but, il ne faut pas les rater. On ne sait jamais ce qui peut se passer par la suite. Aujourd'hui, je suis content pour toi. » Lacombe sait que le Real a toujours incarné le « club de cœur » de Benzema, depuis ses quatorze ans. Dans la nuit juste après sa signature au Real, Lacombe a reçu un appel de Jean-Michel Aulas et découvert un message chaleureux de Benzema.

Il ne coupe pas le contact après le transfert de son poulain. Dès l'été 2009, il appelle le joueur, alors en stage en Irlande, s'enquiert de son adaptation. Jean-Michel Aulas, figure tutélaire, lui rend lui aussi visite à Madrid en janvier 2010, sous l'égide de TF1. Benzema n'oublie pas l'OL. Lacombe reste fidèle à cet attaquant dont il dissèque le jeu avec un immense plaisir. Benzema est d'ailleurs à l'origine d'un débordement de Lacombe, lundi 25 mars 2013, sur l'antenne de RMC. Interrogé par une auditrice sur le niveau de jeu de Karim Benzema, Bernard Lacombe tient des propos machistes : « Je ne discute pas avec les femmes de football. Je le dis parce que c'est mon caractère. C'est comme ça. Qu'elles s'occupent de leurs casseroles et puis ça ira beaucoup mieux. »

Le fait d'être écarté par Domenech de la Coupe du monde 2010 a l'avantage d'exonérer Benzema de toute responsabilité dans le fiasco de Knysna. Les absents ont parfois raison. Il devient du coup l'un des artisans de la reconquête annoncée des Bleus. Laurent Blanc le considère comme l'un des nouveaux piliers d'un édifice lézardé. Il lui demande juste de perdre un peu de poids en le titillant. Déçu par sa non-sélection pour le Mondial, Benzema se lâche en vacances et est en surpoids. Il renonce aux pâtes et au riz en semaine, se contente de salades, de légumes. Ceux qui déjeunent avec lui témoignent de son extrême vigilance quant à la diététique. Au restaurant, il commande du poisson. Le régime porte ses fruits.

Malgré l'affaire Zahia, dont il sortira blanchi quelques années plus tard, Blanc lui conserve sa confiance. La ministre des Sports Chantal Jouanno milite pourtant pour son éviction des Bleus. Le sélectionneur n'obtempère pas, alors que les édiles de la Fédération française eux-mêmes l'incitent à écarter l'attaquant. Le 7 septembre 2010, il score en Bosnie-Herzégovine après une action de classe pour lancer les Français, vainqueurs (2-0). Douze mois fastes suivent, avec des buts contre le Luxembourg (2-0), l'Angleterre à l'extérieur en amical (2-1), le Brésil (1-0), l'Albanie (victoire à l'extérieur 2-1). Il aime à se définir lui-même comme un attaquant passeur, permettant aux autres de marquer eux aussi. Mission accomplie : le 2 septembre 2011 contre l'Albanie, il délivre sa quatrième passe décisive en quatre rencontres. Avant l'Euro 2012, pour lequel Blanc le sélectionne évidemment, il réussit un doublé en match de préparation face à l'Estonie (4-0). Il lance un appel au sens du collectif avant l'épreuve, afin que les ego s'estompent et cèdent la place à l'altruisme. Problème : il ne brille guère, à l'image de son équipe, lors de la phase finale. Seules deux passes décisives contre l'Ukraine (2-0) enjolivent un bilan décevant : aucun but… Pourtant, il aspirait tant à réussir cet Euro, sans jouer les héros mais en transcendant le collectif, en lui inculquant cette culture de la gagne apprise au Real. Il désirait ardemment s'impliquer davantage, forcer sa nature, en tant qu'ancien, pour épauler les plus jeunes. S'il ne se sent pas intouchable sur le terrain, s'il ne revendique pas le capitanat, il fait savoir qu'il prendra le brassard si on le lui confie.

Dans son livre *Tout seul* paru en novembre 2012 chez Flammarion, Domenech n'épargne pas Benzema, qu'il a pourtant soutenu après l'Euro calamiteux. Au fil des pages, il évoque souvent le comportement de l'avant-centre. En mai 2008, il note : « Il a la morgue d'un grand joueur sans en être encore un. » Puis en août 2009 : « Il convenait surtout d'éteindre ces ego se mettant à ébranler le collectif. Comme celui de Benzema maugréant des insultes – "Tous des cons..." – parce qu'il n'était pas entré en jeu aux îles Féroé. » Domenech célèbre en revanche son arrivée au Real Madrid : « Heureusement pour lui, Benzema, talent exceptionnel, a su se remettre en cause lorsque José Mourinho est devenu coach du Real. Karim sera un grand joueur tant qu'il restera dans la compétition, stimulé par la concurrence. » Benzema lui répond ironiquement quelque temps plus tard dans *Le Journal du dimanche* : « On n'a jamais eu de discussion avec Domenech. Enfin, on a parlé football, mais rien d'autre. Il a craqué complet ! Il a l'air bien ce livre. Franchement, je vais le lire pour rigoler. »
Dans *So Foot* de novembre 2011, Benzema livre une opinion très tranchée sur Laurent Blanc et Raymond Domenech. À propos de Blanc, qui prend le soin de contacter son agent avant sa nomination, en précisant alors à Djaziri qu'il compte sur Benzema, il déclare : « Le président de la Fédération avait dit : "Je suis d'accord

avec la ministre Chantal Jouanno, pas de joueurs mis en examen dans l'équipe." Et Laurent Blanc avait répondu : "Je prends qui je veux." Là, je me suis dit : "OK, je vais me tuer pour lui." » Et à propos des Bleus de Domenech : « Quand j'y allais, je savais que j'allais être remplaçant, que j'allais jouer deux minutes. Donc voilà, comme je l'ai dit, je n'avais pas forcément envie de jouer. Je l'ai dit, voilà. J'aurais peut-être pas dû le dire. »

Après Domenech et Blanc, Benzema connaît en 2012 un troisième sélectionneur chez les Bleus : Didier Deschamps. Après le match France-Géorgie (3-1) du 22 mars 2013, Domenech se fend d'un tweet sensationnaliste au cours de la seconde période : « J'aurais pu dire : Benzema confirme son inutilité et Ribéry toujours intermittent. Mais ça, c'était avant ! »

À cette période, Benzema traverse un véritable cauchemar en équipe de France, une longue période de mutisme qui déchaîne les passions. La polémique enfle dans les médias et l'opinion publique. Benzema et son entourage comptent les points, listent les « pro » et les « anti ». Une forte pression s'exerce sur Didier Deschamps pour qu'il écarte son avant-centre et offre à Olivier Giroud une place de titulaire. Même après les succès tricolores, Benzema constitue une cible privilégiée. Ainsi, la victoire face aux Géorgiens est éclipsée par la pâle prestation du Madrilène qui dispute l'intégralité de la rencontre sans briller. « Benzema est un vrai problème », déplore Jean-Michel Larqué (RMC). Bixente Lizarazu adopte la même tonalité sur Twitter : « La situation de Benzema est un vrai problème. On a besoin de le voir plus décisif. »

Domenech, après sa saillie sur les réseaux sociaux, effectue une savante marche arrière le mardi suivant sur Europe 1 : « Si on lit tout, on comprend que c'est une plaisanterie. Karim est un attaquant de talent. Même s'il est moins performant, nous n'avons pas d'équivalent en équipe de France. Laissez-lui le temps. » Le temps ? C'est une denrée si rare dans le football de haut niveau. En sélection ou dans les très grands clubs, il faut saisir sa chance sans tergiverser. Les plus grands attaquants ne tremblent pas, véritables buteurs à sang-froid.

Benzema focalise l'attention, positive ou négative. Même sa valeur réelle nourrit un débat animé. Où le situer dans la longue liste des grands attaquants des Bleus ?

« Derrière Trezeguet, Cantona, Lacombe, Rocheteau, Fontaine, Papin…, certifie le 22 septembre 2015 Daniel Riolo, le puncheur de "L'After Foot" sur RMC. Il n'a rien fait en équipe de France. » Dominique Séverac, journaliste au quotidien *Le Parisien-Aujourd'hui en France*, fouille dans sa mémoire : « Just Fontaine, auteur de treize buts lors de la Coupe du monde 1958, se situe devant Benzema avec cet exploit impossible à renouveler. Jean-Pierre Papin, mal entouré à son époque malgré la présence d'Éric Cantona, est né trop tôt. Mais il a remporté le Ballon d'or (1991) donc il est supérieur. Benzema, lui, est né trop tard. Thierry Henry se classe devant : il a évolué avec Zinedine Zidane, Youri Djorkaeff, a été champion du monde et est monté sur le podium du Ballon d'or. Donc, si on ôte l'intouchable Fontaine, Benzema figure dans le Top 3 des attaquants français de l'histoire. »

Pour sa part, Vincent Duluc le classe un peu plus loin dans la prestigieuse hiérarchie des attaquants : « Chez les Bleus, il n'est pas très loin du Top 5 de tous les temps. Il se place forcément derrière Just Fontaine, derrière Thierry Henry, derrière David Trezeguet, derrière Jean-Pierre Papin dont les statistiques sont meilleures en équipe de France (cinquante-quatre sélections, trente buts). Mais, en Ligue des champions, en revanche, Benzema possède des stats ahurissantes. Dans cette compétition, il est un buteur de niveau mondial. » Il a remporté cette épreuve qu'il affectionne en 2014 avec le Real, point culminant d'un palmarès hors du commun : Ligue des champions, Mondial des clubs (2014), Supercoupe d'Europe (2014), Championnat de France (2005, 2006, 2007, 2008), d'Espagne (2012), Coupe de France (2008), d'Espagne (2014), Trophée des champions en France (2006, 2007), Supercoupe d'Espagne (2012)... Alors, pourquoi ce sentiment très mitigé ?

Il faut chercher au-delà du sport, comme l'indique Pascal Praud, présentateur de l'émission « 20 h Foot » sur iTélé et ancien dirigeant du FC Nantes, rencontré le 23 septembre 2015 : « Papin était très aimé car il incarne la proximité. C'est un "Français comme tout le monde". » Benzema souffre aussi de ses relations, comme le note Vincent Duluc : « Avec plus de quatre-vingts sélections, il est un leader, quand il parle sa voix porte. Mais il n'a pas eu de "bons amis". Quand Samir Nasri et lui étaient inséparables, leur association était nuisible pour les Bleus et pour Benzema. Nasri s'est rapproché de lui sans aucune sincérité – parce qu'il faisait partie des deux meilleurs du groupe. Karim, lui, est sincère, pas manipulateur. Il aurait également gagné à s'émanciper plus rapidement de Franck Ribéry, car il a été victime de leur relation. Ce dernier lâchait le ballon chez les Bleus quand il y était obligé et Karim effectuait de multiples courses sans être servi. Aujourd'hui, Paul Pogba est passé devant lui pour incarner l'image du possible futur Ballon d'or français. » Pour dominer notre historiographie footballistique, Benzema est handicapé, selon Duluc, par l'absence d'exploit majeur : « Sa trace en phase finale des grandes compétitions est trop neutre. Il n'a pas inscrit de but dans un match à élimination directe, d'où l'ambiguïté sur son statut de buteur. Voilà l'essence du malentendu : chez les Bleus, à cause de la faiblesse des autres et... des siennes, on veut qu'il change son jeu, mais il n'est pas fait pour se muer en grand buteur. Il te permet de bien jouer, constitue un relais technique fantastique, déclenche les actions offensives avec aisance, comme peu de footballeurs. C'est un avant-centre de niveau mondial, mais pas un buteur de niveau mondial. Pour donner du sens à son jeu, il doit avoir d'autres joueurs capables de marquer à ses côtés. Il n'existe pas de Cristiano Ronaldo chez les Bleus, mais la France a besoin qu'Antoine Griezmann, par exemple, devienne buteur. »

Dans l'histoire des Bleus, rares sont les joueurs aussi clivants que Benzema. Riolo avance comme à son habitude à visage découvert, sans langue de bois : « Benzema est nul en équipe de France. Et ça, ce sont des faits que personne ne peut contester. Il n'est pas un leader. » Riolo qualifie Benzema d'« adjoint » de Cristiano Ronaldo, son prestigieux coéquipier portugais, au Real Madrid. « Quelqu'un comme Gareth Bale [né en 1989] joue bien au Real, bien en sélection. Au Real, Benzema n'est pas la star. Son rôle ressemble à celui tenu par Scottie Pippen aux côtés de Michael Jordan aux Chicago Bulls. » Pippen, basketteur américain né en 1965, a remporté six titres de champion NBA avec les Bulls, au poste d'ailier, et souvent été considéré comme le meilleur second du roi Jordan. « Mais Pippen était supérieur à Benzema. »

Riolo recense les grandes compétitions auxquelles Benzema a participé avec les Bleus. « À l'Euro 2008, on estime que son comportement n'est pas à la hauteur. » Des informations filtrent en provenance du groupe France, notamment après la cuisante défaite face aux Pays-Bas (1-4 à Berne, en Suisse, le 13 mai 2008). Benzema n'entre pas en jeu, s'échauffant au bord du terrain, mais son individualisme énerve certains coéquipiers comme Claude Makélélé. Il se coupe des médias, garde son portable collé à l'oreille. Au lendemain du match, le sélectionneur Raymond Domenech dialogue avec le Lyonnais, alors âgé de vingt ans, à l'entraînement. « À l'Euro 2012, il ne fait rien, poursuit Riolo. Au Mondial 2014, il disparaît dans les gros matches. Son implication laisse perplexe. »

Comme Riolo, Sébastien Tarrago (*L'Équipe*) dresse un bilan mitigé des épreuves majeures disputées par Benzema : « Il est très jeune à l'Euro 2008, décevant en 2012. Pour le Mondial 2014, on s'emballe, il réalise des débuts formidables, mais, dès que cela devient compliqué, il n'y a plus personne, en huitième de finale notamment. »

Lors de la Coupe du monde au Brésil, Benzema réalise en tout cas une phase de poules remarquable. La Fifa, la Fédération internationale, l'élit même quatrième meilleur joueur de cette phase. Il inscrit trois buts et distille deux passes décisives. Les deux premiers face au Honduras (3-0), ses cent quatre-vingt-dix-neuvième et deux centième chez les professionnels. Il provoque le troisième, attribué au gardien de but adverse contre son camp après examen de la « goal-line technology », et se voit désigné homme du match. De nouveau buteur contre la Suisse (5-2), double passeur décisif, il manque aussi un pénalty et inscrit à la dernière seconde un but splendide... annulé par l'arbitre qui avait sifflé la fin de la rencontre[1].

Voilà Benzema de nouveau homme du match. « Mais contre les Suisses, Giroud joue en position de 9, dans l'axe, pas Benzema », note Riolo. Moins en vue après les poules, lors des rencontres à élimination directe face au Nigeria, en huitième de finale (2-0), puis face à l'Allemagne en quart de finale (0-1), le Madrilène termine

---

1. Quelques mois plus tard, après un autre but refusé face à l'Espagne, il s'avouera « saoulé » par ces décisions arbitrales.

son Mondial sur un « goût d'inachevé » comme le note *Le Figaro* au lendemain de l'élimination. En huitième, il évolue côté gauche alors qu'Olivier Giroud est dans l'axe. Benzema ne semble pas se réjouir de ce positionnement, c'est un euphémisme. En revanche, durant la dernière demi-heure, son association avec son « protégé », Antoine Griezmann, s'avère prometteuse lorsque Benzema retrouve son poste fétiche au centre de l'attaque tricolore. Mais elle ne fonctionne pas merveilleusement devant les redoutables Allemands, futurs champions du monde. Pourtant, Benzema est aligné en pointe. Son bilan contre les Allemands : sept tirs, dont deux cadrés, douze passes, un hors-jeu, vingt-huit ballons touchés, six duels. Une impuissance manifeste notamment en deuxième mi-temps, avant un ultime duel perdu face à Manuel Neuer, le meilleur gardien du monde.

Au final, Karim Benzema dispute en intégralité les cinq rencontres du Mondial, seul Bleu dans ce cas avec Hugo Lloris. Il domine le classement statistique de la Fifa après les quarts... Riolo en reste pourtant à l'« incompréhension » initiale, à ce « problème Benzema » : « Qu'il existe un débat pour déterminer qui d'Olivier Giroud ou de lui doit évoluer au poste d'attaquant axial chez les Bleus constitue un échec pour Benzema. Il est meilleur footballeur que Giroud, mais les Bleus sont meilleurs avec Giroud. »

Dominique Séverac ne supporte pas l'ombre du doute qui entoure les performances de Benzema. Pour lui, le

Madrilène peut – doit – être considéré comme le meilleur joueur français. « Le leader technique de l'équipe de France, c'est lui. En termes de technique pure, il n'y a pas mieux. Varane, Lloris, Pogba, Valbuena, il leur manque tous un truc. En sept saisons au Real, Benzema a acquis un statut de titulaire. » Praud ironise : « Au Royaume des aveugles, les borgnes sont rois. La génération actuelle des Bleus ne brille pas par de grands talents individuels. Benzema est forcément le meilleur footballeur par ses qualités personnelles, en tout cas aujourd'hui. Mais deux ou trois talents peuvent émerger. Anthony Martial, qui est en avance sur Benzema à vingt ans, Kingsley Coman, au Bayern Munich... À l'arrivée, qui réalisera la meilleure carrière ? Pour le moment, Benzema, avec son palmarès, le club dans lequel il évolue, est le meilleur footballeur français. Mais le footballeur qu'il est en équipe de France ne convainc pas. Quel est son grand match avec les Bleus ? Je ne sais pas en citer un et là réside le problème à mes yeux. Je me souviens davantage de matches ratés que de grands exploits. Tu l'attendais contre l'Allemagne à la Coupe du monde 2014, tu espérais le but que doit mettre le grand joueur dans le grand match. »

Séverac préfère célébrer lors de cette compétition son « match de rêve » face aux Suisses et conclut : « La France souffre plutôt de l'absence de plusieurs Benzema que de Benzema ! » Et cette ultime occasion manquée face à Neuer, le gardien de but allemand ? « Ibrahimovic, Agüero, Messi, tous frappent parfois sur le goal. L'ensemble des médias se met d'accord pour trouver des coupables. C'est insupportable ! Benzema n'était pas à Knysna[1] et l'on a l'impression qu'il n'est pas descendu du bus. Dans le système médiatique, il faut faire comme tout le monde. Personnellement, j'ai ramé à contre-courant. Au Brésil, lors du Mondial, les gens expliquaient qu'ils auraient bien échangé Neymar contre Benzema. Nous, on le sous-estime. » Séverac prend pour exemple les *clásicos* espagnols entre le Real Madrid et Barcelone. « Il est parfois le meilleur des vingt-deux titulaires, à un niveau extraordinaire. Mais, selon l'expression, loin des yeux... Pourtant, ces rencontres se comparent à une finale de Coupe du monde. Il n'est pas entouré des mêmes joueurs chez les Bleus. Il est entouré de "pinpins". »

Habitué aux joutes au sommet en Espagne, Benzema ne raffole-t-il pas uniquement de la haute compétition, choisissant parfois ces matches ? Séverac ne le nie pas : « Il a eu des torts. Les amicaux l'intéressent moins. Et c'est compliqué de se déplacer en Géorgie ou en Albanie. On peut lui reprocher alors un manque d'engagement, comme chez un joueur du PSG qui dispute un match de Ligue 1 avant ou après un match de Ligue des champions. Mais on ne peut pas stigmatiser un manque dans l'attitude. Il est victime de son physique fermé. Son "body language" le dessert. Il en a conscience. C'est un peu ironique, car le meilleur au foot, ce n'est pas celui qui sourit le plus. » Vincent Duluc rejoint cette analyse : « Benzema n'est pas

---

[1]. Lors de la Coupe du monde 2010, pour laquelle il n'a pas été retenu.

mal aimé. Sa "marque" est plus puissante que la plupart des autres, les gamins l'adorent. Mais il est effectivement pénalisé par son langage corporel. » Lors de sa période lyonnaise, certains de ses coéquipiers lui conseillaient de se montrer vigilant. En effet, à la télévision, son attitude pouvait s'apparenter à de l'indifférence. Duluc enchaîne : « Quand il se bat moins que d'autres, cela se voit dix fois plus. Il renvoie une certaine nonchalance. Quand il court, tu te dis : "Voilà, c'est ça qu'on veut voir !" »

Sébastien Tarrago porte sur Karim Benzema un jugement contrasté. Est-il le meilleur joueur actuel des Bleus ? « Non ! Il devrait l'être. Mais je dresse un constat avec regret : je ne vois pas aujourd'hui un joueur majeur qui puisse permettre à l'équipe de France de gagner une immense compétition. On aimerait qu'il se nomme Benzema, car c'est un buteur et parce qu'il évolue au Real Madrid. » Tarrago affiche ses opinions : « On ne remet pas en cause sa carrière, mais, en équipe de France, ce qu'il fait ne suffit pas. Blaise Matuidi et Mathieu Valbuena sont meilleurs que Benzema sous le maillot bleu. » Il s'appuie sur les statistiques du Madrilène en équipe de France, son ratio nombre de sélections/nombre de buts, largement inférieur à celui des autres grands buteurs mondiaux, tels Lionel Messi, Luis Suarez, Ronaldo, Wayne Rooney... Tarrago considère donc le numéro 9 tricolore comme un « joueur à la carrière remarquable, voire extraordinaire, en club, mais, en équipe de France, cela ne va pas... ». Et d'ajouter : « Il fait partie de ceux qui considèrent que c'est acquis. Comme Samir Nasri, il estime qu'il se situe au-dessus des autres en Bleu, qu'il est le meilleur, qu'il n'a pas à être mis en concurrence. »

La fameuse concurrence entre Olivier Giroud et Karim Benzema... Muet pendant mille deux cent vingt-deux minutes, du 5 juin 2012 face à l'Estonie au 12 octobre 2013 face à l'Australie (6-0), Benzema cire le banc des remplaçants pendant quatre rencontres. Didier Deschamps a attendu avant de trancher. Vincent Duluc se penche sur cette période de « mutisme statistique » de Benzema : « Quand il n'a pas marqué, les journaux l'ont défendu en estimant qu'il devait continuer à jouer. Nous avons souligné que son jeu ne se résume pas aux buts. Au bout de mille minutes, les journalistes ont estimé qu'il fallait passer à autre chose. Il était trop dans le trou. Didier Deschamps lui a fait confiance longtemps. »

De son côté, Benzema estime *a posteriori* que le débat autour de sa stérilité offensive a inutilement monopolisé les colonnes des journaux. Une nouvelle fois, le joueur insiste sur ses caractéristiques : buteur, oui, mais surtout joueur collectif, relais essentiel, courroie de transmission. Il remercie souvent Carlo Ancelotti, entraîneur du Real de 2013 à 2015, ou Zinedine Zidane, qui ne l'ont pas lâché lors de cette période complexe.

Mais Tarrago n'en démord pas : « Benzema a bénéficié d'un temps incroyable. Il existe très peu de sélections qui offriraient ce temps-là à un joueur. Le placer sur le banc, voilà la meilleure décision de Didier Deschamps, car cela a provoqué quelque chose chez lui. Il est plus fort quand il a besoin de démontrer sa valeur. » Dominique Séverac conteste formellement cette version. « La discussion autour de Benzema et Giroud me fait mourir de rire. À l'image de celle qui concerne Ibrahimovic et Cavani au PSG. Giroud vient de National, il a remporté le titre de champion de France avec Montpellier. Il ne figure pas dans la liste des cinquante meilleurs joueurs du monde du journal *The Guardian*. C'est un anonyme du football. Karim Benzema est notre joueur le plus capé. » Didier Deschamps se serait donc « trompé » en titularisant Giroud à sa place selon Séverac, très remonté. « On a expliqué *a posteriori* que Benzema avait été "piqué" par le fait d'être remplaçant. C'est faux. J'en ai parlé avec son entourage et avec lui. Cela lui a fait du mal. »

Séverac dévoile le contenu de la conversation entre le sélectionneur et le buteur, entre un piteux match en Géorgie (0-0) et le suivant face à la Biélorussie. « Deschamps va le voir dans sa chambre d'hôtel à Gomel, en Biélorussie. Karim Benzema s'adresse à lui : "Ne me sortez pas, ce n'est pas comme cela que je vais retrouver la confiance. Ça arrive à Ibrahimovic, à Van Persie…" » Peine perdue. Cette fois, le coach ne le protège plus. Benzema s'efface, momentanément. Séverac interprète la décision du sélectionneur : « Il ne cède pas aux médias mais commet tout simplement une erreur de coach. Giroud est un calculateur dans sa communication, il fait des sourires aux caméras. Benzema avait donné une interview au *Parisien* en expliquant : "Il faudrait que je sourie plus."

Giroud, lui, s'y emploie en permanence, il s'intègre au système. Mais il n'y a pas de match entre les deux. »

Le Gunner marque pourtant les esprits en Ligue des champions avec Arsenal en inscrivant un « hat-trick » lors de la victoire capitale des Londoniens sur le terrain d'Olympiakos (3-0) le 9 décembre 2015. La veille, Benzema a lui aussi réussi un triplé avec le Real. Leur opposition perdure. Tarrago fait partie de ceux qui estiment que Benzema ne devrait pas être autorisé à afficher ses oukases : « Il a montré au Brésil qu'il n'a pas envie d'évoluer aux côtés de Giroud, alors que les Bleus ont réalisé leur meilleur match contre la Suisse. Il entendait jouer avec Griezmann, cela se voyait trop sur le terrain. Il ne souhaite pas être positionné côté gauche. Tu peux te comporter ainsi, mais alors il faut permettre à ton équipe de gagner. Quand tu imposes tes choix, cela implique une exigence de performance, comme avec Maradona. » Le journaliste enchaîne : « Deschamps accorde une énorme confiance à Benzema, car il pense qu'il est l'attaquant le plus doué. Giroud n'a pas montré qu'il était capable d'être le meilleur et Deschamps ne croit pas à un système en 4-4-2[1]. Même s'il manifeste de la constance en club et de l'inconstance en équipe nationale, voilà pourquoi Benzema est intouchable, ce qui constitue le drame des Bleus. Il ne montre aucun leadership, sur ou en dehors du terrain. Zinedine Zidane ne voulait pas de ce statut, mais il l'incarnait de fait sur le terrain et il s'est mué en patron en 2006. »

---

1. Avec deux attaquants axiaux.

Pierre Ménès, l'ancien reporter de *L'Équipe*, lui reproche de ne « jamais être décisif dans les grands matches[1] ». Et fustige son attitude lors de la dernière Coupe du monde : « Benzema a eu un comportement scandaleux en huitième de finale face au Nigeria. Didier Deschamps l'aligne à gauche et il met en tout et pour tout deux ballons à Giroud qui était axial. Il l'a boycotté ! » Il ne comprend donc pas pourquoi Deschamps s'en remet totalement à lui : « Il ne justifie pas le statut que le sélectionneur lui octroie. C'est comme lorsqu'il a marqué ce que j'appelle des buts barbecue face à l'Arménie (4-0). »

Le 8 octobre 2015 à Nice, les Bleus s'imposent nettement face à ce modeste adversaire grâce notamment à un doublé de Benzema, muet depuis six matches (précisément depuis France-Portugal (2-1) du 11 octobre 2014) alors que le score est déjà de 2-0. Il inscrit ses vingt-sixième et vingt-septième buts en quatre-vingt-une sélections. « Après le match, Deschamps dit : "Voyez pourquoi il a ma confiance…" Là, franchement, non… Benzema est dix fois meilleur qu'Olivier Giroud. Mais les Bleus ne le transcendent pas. Mathieu Valbuena, par exemple, est infiniment plus fort en équipe de France qu'en club. »

Aujourd'hui encore, l'entourage de Benzema dissèque scrupuleusement les propos des uns et des autres au sujet de sa « concurrence » avec Giroud. Les consultants et les journalistes sont lus, écoutés, regardés. Karim Djaziri

---
1. Entretien avec les auteurs.

note tout, se souvient de chaque phrase. Lorsque Benzema débute sa carrière professionnelle, Djaziri souhaite lui présenter Duluc. Un déjeuner est fixé au restaurant lyonnais Blue Elephant, à la Cité internationale. « Karim était timide, se souvient Duluc. Il a changé par la suite. » Après ce premier contact, Duluc se heurte souvent à Benzema. Les fâcheries ne sont pas rares. « Je n'ai pas fait d'interview de lui depuis 2012. » Bien entendu, lorsqu'il le croise, Benzema n'esquive pas le journaliste. Celui-ci réussit même à obtenir un joli « coup » au sujet des Bleus en se déplaçant à Madrid dimanche 4 octobre 2015 pour la rencontre Atlético-Real (1-1) au stade Vicente Calderón. Benzema, frustré, est remplacé en cours de rencontre (soixante-quinzième minute) par son entraîneur Rafael Benitez. Celui-ci justifie son choix : « Je comprends que Benzema soit fâché. Mais, si j'étais lui, je réagirais et je mettrais deux buts au lieu d'un pour que l'entraîneur ne le remplace pas. » Duluc croise le joueur en zone mixte. Benzema, auteur d'un but d'une reprise de la tête, le voit, s'arrête, lui serre la main et commente son match et sa situation au Real. Puis la dernière question, sur les Bleus, semble légèrement l'agacer. Benzema, qui accumule alors les réalisations sous le maillot merengue, assène sa vérité : « Ce serait bien de marquer ces buts-là en équipe de France, oui, à condition que j'aie les occasions. Il faut qu'on me cherche, il faut qu'on me trouve. Si je suis l'attaquant de l'équipe de France, je dois apporter plus, c'est certain, mais il faut avoir les occasions et les ballons. Avec une occasion en quatre-vingt-dix minutes, c'est dur.

En revanche, si j'en ai cinq ou six et que je ne marque pas, là oui, on pourra parler de moi. »

Ces propos, publiés dans *L'Équipe* du 6 octobre, provoquent une mini-tempête dans le monde pas toujours feutré des Bleus. Le lendemain, le quotidien sportif rebondit et barre sa une d'un large « Incontournable » qui surplombe une photo de dos de Benzema et de son numéro 10. Voilà la preuve de la place occupée par le Madrilène chez les Bleus. À l'intérieur, Duluc pose le débat : « Le sort de l'équipe de France à l'Euro semble trop souvent dépendre des buts de Benzema. Face aux chiffres et à l'évidence, il est temps, peut-être, de raisonner autrement, et de constater qu'il y a une vie pour les grandes équipes sans un buteur prolifique. » Et de rappeler les promesses du fameux Suisse-France (2-5) le 20 mai 2014 au Brésil, la démonstration avec un système en 4-3-3, la verticalité dans le jeu, la variété d'attaques, le style rapide et efficace. Depuis, offensivement, plus rien…

Alors, Benzema prend la parole. Juste avant la rencontre amicale France-Arménie du 8 octobre 2015, ses coéquipiers comprennent sa frustration. Didier Deschamps pose un regard technique : « Il n'est pas un renard des surfaces. » Benzema aime « dézoner », quitter son poste pour participer au jeu. « Je ne vais pas le changer », constate Deschamps. En conférence de presse, il martèle : « Benzema est notre buteur, il doit faire mieux et il veut faire mieux. Mais c'est une question collective. » Son pote Mamadou Sakho le définit comme un « atout majeur pour nous, un joueur de classe mondiale ». Personne ne songe à écorner l'image ou le statut du Madrilène. L'affaire de la sextape de Mathieu Valbuena n'a pas encore éclaté. Le sélectionneur et tous les internationaux estiment que les Bleus ont besoin d'un Benzema au top pour remporter l'Euro 2016. D'un Benzema buteur, enthousiaste. Du Benzema aligné lors du barrage retour face à l'Ukraine, en novembre 2013.

Avant cette rencontre capitale pour toute une génération, Didier Deschamps dialogue en tête à tête avec son attaquant pour le remettre en confiance et le responsabiliser. Une conversation qui marque Deschamps, même s'il refuse d'en dévoiler le contenu. Battue (0-2) à l'aller en Ukraine, la France renverse superbement une situation compromise au retour (3-0). Benzema inscrit le deuxième but à la trente-quatrième minute et estime à juste titre qu'il s'agit de son acte décisif en Bleu. À ce moment du match, les Ukrainiens sont acculés dans leur surface de réparation. Yohan Cabaye profite d'un ballon mal dégagé pour frapper du gauche. La frappe est écrasée mais Benzema hérite du ballon et trompe Pyatov. Les Bleus ont remonté le handicap concédé à l'aller. Quelques instants auparavant, lancé en profondeur, Ribéry avait effectué un dribble déroutant puis adressé un centre au second poteau vers Benzema. Celui-ci avait marqué sans difficulté mais l'arbitre assistant avait signalé une position de hors-jeu inexistante... Qu'importe finalement, la libération survient quatre minutes après.

Le but face à l'Ukraine provoque chez Benzema une intense vague de joie. Il fend l'armure, se libère, partage cet enthousiasme avec un public conquis. Il s'implique dans la vie du groupe, même s'il revendique avant tout le statut de leader technique. Il confie ses rêves de gloire, les inscrit dans la dynamique collective d'une équipe soudée par le barrage victorieux. Il réitère son envie de « transmettre » aux jeunes, s'exprimant tel un vétéran de précédentes campagnes, un vieux briscard. Et, surtout, il vante l'excellente ambiance entre les joueurs. Comme si cela n'allait pas de soi...

Après le Mondial 2014, les Bleus s'engagent dans une longue série de rencontres amicales afin de préparer leur Euro 2016. Le 26 mars 2015 au Stade de France, la France s'incline contre le Brésil (1-3). Benzema a adoré ce pays en le découvrant lors de vacances chez son ami, l'ancien Lyonnais Fred, en 2009. La Seleção le fascine depuis ses premiers souvenirs de Coupe du monde, en 1994. Même en 1998, il vibrait pour les Brésiliens au début de la compétition, se prenant pour Ronaldo lors des petits matches avec ses copains de Bron. D'où son émotion plus tard, au Real, lorsqu'il dépasse le nombre de buts inscrits par le Brésilien sous le maillot madrilène (cent quatre). Le jour même de la finale de la Coupe du monde 1998, en colonie avec sa sœur, il dispute un tournoi et choisit de représenter le Brésil. Il reconnaît changer de camp, et soutenir les Bleus, après le doublé de Zizou...

Deschamps le gâte en ce mois de mars 2015 : Benzema est promu capitaine face aux artistes sud-américains. Il éprouve une vive émotion, partagée par toute sa famille. Mais la défaite, cinglante, brise son enthousiasme. Benzema livre son analyse sans tergiverser : « Des matches comme ça, ça ne me plaît pas, on se l'est dit dans le vestiaire. »

En Bleu, ses rêves tournent vite au cauchemar. Sous le sceau de l'anonymat, l'une des figures charismatiques du football français, qui connaît très bien Karim Benzema, le définit comme un monstre physique, mais fustige sa tendance au dilletantisme en équipe de France.

2.

Marseillaise, mon désamour

Visage fermé, déjà concentré, maillot bleu sur le dos... Mais à quoi pense-t-il ? À ce but qu'il rêve d'inscrire ? Les joueurs français, alignés, immobiles, écoutent les hymnes nationaux. Au moment ou retentissent les premières notes de l'hymne national, les lèvres de Karim Benzema restent immobiles. Il ne chante pas *La Marseillaise.*

Ce parti pris ne peut pas rester anecdotique dans la France d'aujourd'hui et alimente tous les soupçons : aime-t-il vraiment la France ? Benzema ne divise pas les médias : non, il les déchire. Toute sa carrière se décrypte à l'aune des commentaires le concernant. Mais les journalistes ne se contentent pas d'analyser ses performances sportives ou de comparer ses statistiques avec celles d'autres joueurs. À l'image des interrogations de l'opinion publique autour de la personnalité même de Benzema, les articles dissèquent ses attitudes réelles ou supposées, son comportement, ses gestes, son langage corporel, ses moues dubitatives et rarement extatiques, ses mots, si rares. Entre ses partisans et ses détracteurs, les polémiques ne laissent guère la place à une analyse lucide et apaisée du jeu de l'attaquant des Bleus et du Real Madrid. Peu de joueurs suscitent un tel emballement ou un tel déferlement de critiques véhémentes. Benzema provoque la controverse. Il l'envenime rarement, mais ne la désamorce guère non plus, se contentant d'une stratégie de communication minimaliste. *Never explain, never complain.* Indifférent ou introverti ? Timide ou prétentieux ? Hautain ou concentré ? Et, surtout, amoureux ou non de la France ?

L'enfant de l'OL, transféré du Real, n'a jamais totalement conquis les supporters de l'équipe de France, malgré une Coupe du monde 2014 globalement réussie, mais mal terminée. Certains pourfendent sa carrière sous le maillot bleu. D'autres louent son talent. La confrontation entre différents journalistes spécialisés offre un panorama non pas exhaustif, mais indispensable du benzemisme et de l'anti-benzemisme ambiant. Elle témoigne de l'hypersensibilité du sujet, avant même l'affaire de la sextape.

Attablé devant un café de l'ouest parisien, Daniel Riolo, qui n'est pas tendre avec l'attaquant du Real, assène avec sa pugnacité habituelle sa vérité sur Benzema : « Il n'aime pas l'équipe de France, alors comment se transcender en sélection ? Elle ne représente rien pour lui. D'ailleurs, il a affirmé : "Mon cœur est algérien." Ce n'est pas un patriote. Le mec n'a pas réussi plus de cinq matches en équipe de France en quatre-vingts sélections. Et, dedans, il y a des rencontres amicales. » Si Benzema ne frissonne pas de désir pour les Bleus, pourquoi vouloir continuer à les fréquenter ? Riolo enchaîne : « Tu ne peux pas te passer de l'équipe nationale. Si ça ne rapportait rien, il ne viendrait pas. Il a des sponsors comme Adidas, il y a de l'oseille en jeu. »

Le débat autour de l'attitude de Benzema chez les Bleus se cristallise vite autour de *La Marseillaise*. L'avant-centre ne la chante jamais. Pourquoi ? Défi, indifférence, mépris, je-m'en-foutisme ? Peut-on porter le maillot bleu et se comporter de la sorte ? La force symbolique, notamment sur les images des rencontres diffusées par TF1 et regardées par des millions de téléspectateurs, d'un Karim Benzema muet au son de l'hymne national ne peut être ignorée. « *A priori*, le type qui ne chante pas *La Marseillaise*, on s'en fout, il fait comme il le sent », assène Riolo. Avant de passer à l'offensive : « Le problème est que, dans les années 1980, personne ne chantait son hymne, aucun Allemand, aucun Italien. Aujourd'hui, tout est différent, l'époque a évolué. Dans le contexte actuel, pour toutes les sélections, l'hymne devient un spectacle, l'expression même du sentiment national. Souvenons-nous du show des Brésiliens, des Italiens chez lesquels c'était pourtant mal vu auparavant, des Allemands... En équipe de France, tous les joueurs s'y mettent, éprouvent un sentiment d'appartenance. Tous, à l'exception d'un seul. »

Pascal Praud ne comprend pas non plus l'attaquant. « Je trouve dommage qu'il ne donne pas ce signe-là, nous explique-t-il. L'argument qui consiste à dire qu'on ne la chantait pas il y a quarante ans est nul, car *La Marseillaise* ne figurait pas au cœur de la société. Si Benzema chantait, il ferait taire tous ceux qui prétendent qu'il n'aime pas l'équipe de France ou la France. »
Riolo certifie au contraire que le Madrilène ne PEUT pas chanter : « Il est l'expression même du problème social en France, avec cette question des banlieues, de cette rupture. Benzema incarne à lui seul un code des cités. S'il chante, il passe pour un tocard. Dans les banlieues, pour les jeunes de première ou deuxième génération d'immigration, la France équivaut à conflit, désamour. Selon ce code, il ne faut pas non plus sourire. Il est préférable de manifester une attitude nonchalante. » Selon le journaliste, Benzema constitue une « réussite sociale », sans avoir réglé son « problème avec le pays dans lequel tu grandis ». Benzema, symbole des fêlures de la société française par son comportement en équipe de France, vitrine sportive du pays... Les jeunes joueurs adoptent parfois, sous l'influence du quartier, un look et un comportement de « bad boy », très inspiré du rap américain. « Souvent, ils ne disposent pas d'un bagage intellectuel étoffé, raconte un agent. Mais ils sont instrumentalisés par des personnes qui tournent autour d'eux. On leur demande par exemple de prendre position dans le conflit israélo-palestinien. Ils sont mal vus quand ils refusent. Alors, ils n'ont pas le choix. »

Riolo poursuit son réquisitoire : « Il suffit d'aller à Bron et de demander qui se sent français. Et puis ce bain culturel dans lequel Benzema est plongé avec Booba, Rohff, que l'on ne me fasse pas croire qu'il ne l'influence pas. C'est clairement l'anti-France. » Cette anti-France qui, selon Riolo, ne pardonne pas à Nabil Fekir, milieu offensif franco-algérien de Lyon, de choisir de porter le maillot de l'équipe de France en sélection. L'Algérie le courtise, mais en mars 2015, alors âgé de vingt et un ans, il énonce son choix : la France. Riolo se montre catégorique : « Le cas Fekir est symptomatique. Il est sifflé par les mecs de banlieue, traité comme un harki. »

Dominique Séverac suit de près les Bleus depuis plusieurs années. Également spécialiste du PSG – « j'appréhende l'objet PSG comme les journalistes qui suivent les partis politiques » –, il est connu pour ses analyses passionnées mais sans concession. En ce 6 octobre 2015, alors qu'il sort d'un rendez-vous à la Ligue, il ne cache pas son affection pour Benzema : « Je l'adore ! Voilà un joueur fantastique, technique, d'une élégance rare, un Ballon d'or en puissance. Avec lui, je ne peux pas mettre l'affect de côté. Il faut que je calme ma subjectivité. On ne peut pas faire semblant quand on traite le foot. Je suis content quand la France gagne, j'aime l'équipe de France par-dessus tout[1]. » Il se souvient des buts inscrits par Benzema, décrit ses actions, ses gestes de classe.

---

1. Entretien avec les auteurs.

Spontanément, il cite comme chef-d'œuvre absolu le but du 31 mars 2012 à Pampelune, face à Osasuna (5-1 pour le Real). Dans un angle fermé, Benzema réalise dès la septième minute une superbe reprise de volée. Son corps en équilibre parfait imprime au ballon une vitesse et une trajectoire exceptionnelles. Ce geste victorieux évoque la frappe sublime du Néerlandais Marco van Basten en finale de l'Euro 1988 face à l'URSS (2-0). Il figure d'ailleurs parmi les plus belles réalisations madrilènes de l'ex-Lyonnais, recensées par *So foot*.

Si Benzema est resté mille trois cent cinquante minutes sans marquer avec le Real, série plus longue encore que les mille deux cent vingt-deux minutes de disette sous le maillot bleu, s'il a traversé des périodes de doute, connu parfois des débuts de saison mitigés, il a su à chaque fois reconquérir le public. Son but à Amsterdam le 23 novembre 2010 (Ajax-Real 0-4), sa longue chevauchée sur le terrain du FC Séville le 26 janvier 2011 (succès 1-0), son coup du sombrero devant Puyol (Barcelone-Real, 2-2, le 25 janvier 2012), son ciseau à Amsterdam face à l'Ajax le 3 octobre 2012 (victoire 4-1), sa frappe surpuissante le 17 septembre 2014 face à Bâle (5-1) après un double une-deux avec Cristiano Ronaldo pour le millième but européen du Real illustrent sa permanence au plus haut niveau.

Séverac retient ces multiples actions. Il refuse de se focaliser sur le fait que le buteur ne chante pas l'hymne. « Je n'en ai rien à faire ! tonne le reporter. Je ne regarde pas qui chante. Quand ça va mal, on ressort des trucs. Comme par hasard, ils concernent les joueurs issus de l'immigration. On reproche à Nasri, Ben Arfa, Benzema, de ne pas chanter. »

Lors du Mondial 2014, Hafid Benzema évoque ce sujet complexe dans la presse brésilienne. *Globoesporte* s'est déplacé pour rencontrer la famille Benzema à Bron. Malika, la mère, accueille le journaliste. Elle indique que son fils n'aime pas qu'on évoque sa vie sans le connaître. D'ailleurs, même quand son père parle de lui, il n'apprécie pas forcément. Hafid arrive alors en voiture. Il explique que la naissance de sa fille Mélia, cinq mois auparavant, a transformé son fils. Il le considère comme un leader : « Il est comme Napoléon qui ne s'est pas battu tout seul. Il a guidé une armée qui était derrière lui et il a vaincu pour la France. Karim veut en faire de même en se mettant toujours au service de l'équipe. » Hafid balaie la polémique sur *La Marseillaise* : « Zidane ne la chantait pas… » Il ajoute que Ribéry n'entonne pas l'hymne non plus, à l'image de nombreux autres joueurs. Dans l'article, Hafid précise que son fils, musulman élevé dans une « famille pratiquante », est attaché à sa patrie : « Karim se sent français de cœur. Il est né ici, il a grandi ici et il a étudié dans ce pays qu'il aime. Beaucoup de gens ne le savent pas mais on lui a proposé de jouer pour l'Algérie, mais il a choisi le maillot tricolore. »
Interrogé au sujet de l'hymne le 30 septembre 2015, le président de la Fédération française de football, Noël Le Graët, n'esquive pas le débat : « *La Marseillaise*, Benzema la ressent. Mais elle n'est toujours pas apprise

à l'école. Benzema est fier de porter le maillot bleu. Je peux comprendre ceux qui sont choqués, mais il est honnête et franc[1]. »

Le joueur évoque ce sujet sensible le 19 mars 2013 dans une interview réalisée en Espagne pour l'émission « Luis attaque » sur RMC : « Ce n'est pas parce que je vais la chanter que je vais mettre un triplé derrière. Si je ne chante pas *La Marseillaise*, que le match commence, que je mets trois buts, je pense qu'on ne va pas dire à la fin du match que je n'ai pas chanté *La Marseillaise*. » Au moment de cet entretien, il n'a plus marqué depuis longtemps avec les Bleus (juin 2012) : « C'est ça le souci. » Il martèle qu'il « aime bien » les Bleus. Et demande de « se calmer ». Sur *La Marseillaise*, il ne cède pas : « On ne va pas me forcer à chanter *La Marseillaise*. Zidane, par exemple, ne la chantait pas forcément. Et il y en a d'autres. Je ne vois pas où est le problème. »

Dans *L'Équipe Magazine*, en 2014, il dément « faire la gueule » durant l'hymne : « C'est juste que je suis concentré. Je suis dans mon match, je ne pense qu'à ça. Au moment des hymnes, je ne suis pas dans un show, je suis dans la gagne. Mon visage exprime peut-être de l'énervement, mais c'est de la concentration. »

Le 31 mai 2012, en match préparatoire à l'Euro, la France affronte la Serbie au stade Auguste-Delaune à

---
1. Entretien avec les auteurs.

Reims (2-0). Samir Nasri rit en baissant la tête pendant *La Marseillaise*, Benzema et Ribéry à ses côtés. Benzema, bouche fermée, presque comme s'il se mordillait les lèvres pour ne pas rire, regarde l'horizon. Ribéry se tient droit, raide comme un piquet, alors que s'esquisse possiblement un sourire sur son visage. La caméra poursuit son travelling, quitte le trio, mais on ne retient que cette attitude désinvolte. Une polémique s'ensuit qui contribue à déchaîner les passions.

Autres débats intenses en décembre 2006, alors que Benzema vient de décliner sa première sélection chez les Bleus pour cause de blessure. Dans la foulée, il choisit de refuser l'appel de la sélection algérienne et du sélectionneur Jean-Michel Cavalli et déclare sur RMC : « L'Algérie, c'est le pays de mes parents, c'est dans mon cœur, mais, sportivement, je jouerai en équipe de France. » Cette expression, « l'Algérie est dans mon cœur », est souvent reprise par ses détracteurs qui y discernent son désamour de la France et de *La Marseillaise*.

En novembre 2011, dans *So Foot*, Benzema lâche cette phrase lourde de sens à propos des supporters, après avoir déploré le manque d'ambiance au Stade de France : « Ils partent dans un délire bizarre. En gros, si je marque, je suis français, mais, si je ne marque pas ou qu'il y a des problèmes, je suis arabe. Mes parents sont français, nés en France, après oui, mon sang, il est algérien, voilà. » Pour une fois très loquace, Benzema parle politique en évoquant dans cet entretien l'élection présidentielle de 2007 : « Je crois que j'ai voté Ségolène Royal, je ne me rappelle pas. Si, quand même, je crois que c'était Royal. » En une autre occasion, il précise avoir dédicacé deux maillots à François Hollande.

On l'oublie parfois, mais Michel Platini n'entonnait pas non plus l'hymne national. L'ancienne vedette de la Juventus Turin se justifie sur Canal + en octobre 2013 : « Moi je la connaissais, mais je ne la chantais pas, parce que j'allais faire un match de football et *La Marseillaise* a toujours représenté pour moi des mots guerriers. Je ne pouvais pas dire "on va égorger". Si l'hymne était un hymne à l'amour, je l'aurais très certainement chanté. »

Le public français ne pardonne rien à Benzema. Le 26 mars 2013, lors de France-Espagne (0-1) qualificatif pour la Coupe du monde 2014, Benzema, muet depuis douze matches, subit les sifflets des spectateurs. Il les commente : « Franchement, je ne vais pas dire que je m'en fous, car ce ne serait pas la vérité. Mais... Il y a des gens qui n'ont que cela à faire, de siffler, c'est leur problème. » Plus tard, lorsque des huées s'élèvent à son encontre depuis certaines travées du stade Santiago Bernabéu où évolue le Real, il les analyse avec philosophie : « Même au Stade de France, je me suis fait siffler... »

Les sifflets, les diatribes, les commentaires presque haineux vont redoubler après le 23 novembre 2015. Ce jour-là, le Real est laminé par Barcelone (0-4) à domicile en Championnat d'Espagne, rencontre précédée d'une *Marseillaise* en hommage aux victimes des attentats de

Paris, le 13 novembre. À la fin de l'hymne joué au piano, Benzema est surpris par les caméras en train de cracher par terre. Curieusement, son regard se tourne vers un point éloigné, sans doute les écrans de contrôle du stade. Bien entendu, il n'avait pas chanté l'hymne. Et, bien entendu, les réseaux sociaux et les médias se déchaînent.

Le lendemain, l'éditorialiste Bruno Roger-Petit publie un texte sur son blog : « Bien malin qui peut dire avec une certitude absolue que l'attaquant français s'est livré là à une provocation volontaire. On laissera donc de côté ce procès en interprétation. » Il place Benzema face à sa conscience, mais lui accorde le bénéfice du doute. Le joueur n'a peut-être pas donné à ce geste une « dimension provocatrice », mais le journaliste discerne dans son interprétation une signification profonde : « En revanche, le fait qu'il se soit trouvé bien des gens pour s'émouvoir de ce geste, lui prêter un sens, lui accorder une portée politique [...], tout cela témoigne, une fois de plus, que les responsables de l'équipe de France sont confrontés à un problème Benzema qu'ils devront régler avant l'Euro. » Conclusion : pour lui, Benzema se situe dans une « seringue judiciaire et médiatique ». Ainsi, Didier Deschamps ne pourra en aucun cas sélectionner Benzema pour l'Euro en raison de la pression médiatique, de la menace sur l'équilibre interne de l'équipe de France. Il considère que le Madrilène véhicule des valeurs négatives aux yeux des supporters et des Français, et est prisonnier d'une image. *Ad vitam aeternam* ?

La défense de Benzema au sujet du crachat est assurée par M. Pokora lors de la première de l'émission « Touche pas à mon sport », animée sur D8 par Estelle Denis. Lundi 23 novembre, le chanteur, fan de foot et excellent connaisseur de ce sport, donne sa version des faits : « Je pense qu'il n'est pas désintéressé des attentats de Paris, au contraire ! » Et d'ajouter : « Comme souvent quand on fait du sport, on a le réflexe de cracher. C'est tellement un réflexe que tu ne te rends plus compte de ce que tu fais, et surtout quand tu le fais. » Un membre de l'entourage proche de Karim Benzema aborde directement cette question avec le joueur, très peu de temps après le match. Benzema lui répond alors : « Ils nous avaient avertis que *La Marseillaise* serait diffusée, mais moi, je suis totalement concentré, dans mon match. J'aurais dû retenir le crachat, mais ce n'était absolument pas contre *La Marseillaise*. »

Le 25 novembre, l'avocat de Benzema, Me Alain Jakubowicz, également président de la Licra, publie un communiqué pour tenter d'éteindre l'incendie. Il écrit que Karim Benzema est « extrêmement choqué de l'interprétation qui est donnée à cet acte, en général anodin, pratiqué par tous les footballeurs du monde ». Il poursuit : « Un tel crachat n'était pas le bienvenu à ce moment précis, en de telles circonstances, mais Karim Benzema conteste avec fermeté l'interprétation scandaleuse auquel il donne lieu. Bien qu'il n'ait pas à s'en justifier, Karim Benzema tient à rappeler qu'il a manifesté sa totale empathie à l'égard des victimes des attentats qui ont coûté la vie à cent trente de nos concitoyens le 13 novembre et à leur famille, par ses publications sur ses comptes Twitter et Instagram. »

Dimanche 6 décembre dans « Téléfoot », Benzema donne sa version des faits : « Je trouve ça lamentable. » Il estime « nul » d'inventer ou de dire des « choses graves ». Au moment de l'hymne, il pense aux victimes, à sa famille, à ceux qui l'aiment. « Je crache à la fin comme à tous les matches. » Il promet qu'il ne pense évidemment pas à cracher sur *La Marseillaise* et fulmine contre ceux qui tentent de le « faire passer » pour quelqu'un qui ne « respecte pas » son pays. « Ça va trop loin, j'en ai marre. » Il assure qu'il chanterait *La Marseillaise* « si elle était obligatoire ».

Le chroniqueur Pierre Ménès, pierre angulaire du « Canal Football Club » diffusé sur Canal + le dimanche soir, prend position sur ce dossier lorsque nous le rencontrons, mardi 2 décembre : « Quand tu es le joueur star du Real Madrid le jour d'un match contre Barcelone, si tu as un QI supérieur à celui d'un bulot, tu sais que la caméra va arriver sur toi… Il ne peut pas attendre un moment pour cracher ? Dans le meilleur des cas, c'est de la bêtise ou de la désinvolture. »

3.

Pour une poignée de main

« À titre personnel, je lui montre de l'affection. Il n'est pas un grand bavard. À chaque stage de l'équipe de France, nous avons toujours des conversations sympas. Une poignée de main avec lui veut dire beaucoup de mots. »

L'homme qui prononce ces paroles est assis à une table du café Murat, dans l'ouest de Paris. Il s'agit de Noël Le Graët. Ses mots s'adressent à Karim Benzema. Pourtant, ce matin-là, l'actualité du football ne prête pas au sentimentalisme. Les journaux placardent en une le visage de Michel Platini. L'ancien meneur de jeu des Bleus, candidat à la présidence de la Fifa, plonge dans la tourmente après de nouvelles révélations. Mais, en ce 30 septembre 2015 au Murat, lieu prisé du monde des médias, du sport et de la politique, Noël Le Graët se détache de l'actualité du jour pour aborder en toute franchise ses relations avec Benzema. L'affaire de la sextape de Mathieu Valbuena, dont les différents épisodes vont bientôt ébranler le football français, n'a pas encore surgi dans le paysage médiatique. Le Graët n'a pas encore déclaré Benzema « non sélectionnable ».

« Karim est un garçon que j'aime et admire beaucoup, il est honnête, précise le président de la FFF. J'ai un attachement particulier pour lui. Il a mûri, progressé dans la vie. Karim est humain, facile dans un groupe, très collectif. Il est courtois, bien élevé, très à l'écoute, a gardé les mêmes amis, veut bien faire. Son évolution et son parcours sportif sont exceptionnels, il est aujourd'hui titulaire au Real Madrid, l'un des plus grands clubs du monde. Aucun entraîneur ne se plaint de lui. Certaines critiques le concernant ne sont pas très justes. Il subit l'injustice du jugement sportif de ses contemporains à deux niveaux : sur son comportement, mais aussi sur son talent et ses performances[1]. »

Le Graët n'a jamais redouté les forts tempéraments. Dans le monde de l'entreprise, en politique, dans le milieu du sport, il sait que les personnalités charismatiques conduisent aux plus grands exploits si elles sont canalisées dans une dynamique positive. « Benzema aime le maillot bleu, est indispensable à l'équipe de France. D'ailleurs, le sélectionneur l'a toujours soutenu et retenu pour les matches. Sa place de titulaire n'a jamais été contestée. Quand Benzema va bien, la France va bien. Il n'est pas un

---
1. Entretien avec les auteurs.

buteur type et certains attendent de lui qu'il inscrive deux buts par match. Mais il fait marquer. » Il admet pourtant que l'attaquant ne donne pas toujours sa pleine mesure : « On attend toujours plus de quelqu'un qu'on aime bien au niveau du jeu. Mais je vois certaines notes qui lui sont parfois attribuées en équipe de France, je constate qu'il hérite de la plus mauvaise : c'est d'une stupidité invraisemblable. » Si chaque match s'apparente à un examen, Benzema « est le plus critiqué ».

Pour le président de la Fédération, passionné par le sujet, Benzema est victime de son nom. « C'est sûr, pour certains, il suffit d'ailleurs de voir la carte politique française, déplore-t-il. La France compte un certain nombre de racistes. Les critiques sont malheureusement plus acerbes. Il se nomme Benzema, c'est plus dur que s'il s'appelait Dupont ! Je vomis ce genre de choses. » Le Graët estime que Benzema « assume bien le progrès humain et sportif » par rapport au milieu dont il vient et à son environnement familial. Il s'insurge contre les jugements à l'emporte-pièce : « Moi, je ne sais pas changer la vie des gens. Benzema, je lui demande de bien jouer et d'être heureux. Un footballeur heureux dans sa vie l'est sur le terrain. Certains sont peut-être plus sympas, mais moins bons. Il a également tenu un discours très collectif au moment du barrage face à l'Ukraine, qualificatif pour la Coupe du monde 2014 (0-2, 3-0). Alors, d'accord, dans ses attitudes, il est Benzema, peut-être nonchalant. Cela le dessert. Il n'effectue pas de bonds de joie, ne pleure pas quand il rate et ne se plaint jamais. » Au Real Madrid, dont Le Graët, en passionné, connaît bien le jeu, il est « archi-incontestable devant le but ». « Cristiano Ronaldo veut marquer à chaque fois. Mais Benzema fait partie des meilleurs joueurs du monde. »

Pour étalonner les valeurs des uns et des autres, rien ne vaut les comparaisons établies sur une Coupe du monde. Le Graët évalue celle de Benzema en 2014, au Brésil : « Excellente ! » Avant de nuancer : « Sauf contre l'Allemagne, face à laquelle il n'a pas été au niveau. Il ressemblait à un joueur un peu neutre, on ne l'a pas beaucoup vu. » Prend-il position dans le débat, voire la rivalité sportive, qui met aux prises Olivier Giroud et Benzema ? « Giroud est un autre personnage... Il s'est affirmé, est titulaire à Arsenal. » Les deux joueurs sont-ils complémentaires ? Le Graët refuse d'empiéter sur les plates-bandes de Didier Deschamps. Concurrence ou pas, pour le président de la FFF, Benzema doit participer à toutes les grandes compétitions avec les Bleus. Il n'a pas réellement compris que l'attaquant soit écarté du Mondial 2010. « À titre personnel, je pense qu'il doit faire partie d'une liste des vingt-trois à tout moment. » Où se situe-t-il dans l'histoire ? « Benzema marque son époque par son aisance technique. Ce n'est pas Raymond Kopa. Les anciens se fâchent quand on affirme que le football va plus vite aujourd'hui. Alors, Benzema est le « top man » d'une époque. Il figure parmi les deux premiers ou est le premier Français, sur les cinq dernières années. »

Lorsque l'affaire de la sextape éclate, Le Graët réagit avec circonspection avant sa conférence de presse du 10 décembre. Au moment de la mise en examen de Karim Benzema, il ne se précipite pas sur les plateaux de télévision mais ne fuit pas les caméras. Sur iTélé, il évoque un homme « dans la tourmente » et ajoute : « On ne le laisse pas tomber. » En patron de la Fédération, mais surtout en homme d'expérience, il conseille le joueur en se plaçant délibérément dans la longue durée, au-delà des contingences, comme pour gommer la sordide réalité du fait divers : « J'aimerais que Karim Benzema se comporte mieux dans l'avenir. Il a des qualités humaines mais il a peut-être des fréquentations à améliorer. »

Lorsque le ministre de la Ville, de la Jeunesse et des Sports, Patrick Kanner, suggère que les instances sportives pourraient « réfléchir » à écarter les joueurs mis en examen, Le Graët dément en fin politique – sans le vexer – son ministre de tutelle. Il milite pour la « présomption d'innocence » sur RTL. Vendredi 13 novembre 2015, juste avant les horribles attentats qui vont endeuiller la France, il se confie au *Monde*. Dans les colonnes du quotidien, il conserve sa ligne initiale et « espère » que cette affaire se termine. Il ne croit pas qu'elle « puisse nuire à l'image des Bleus ». Il sait sa marge de manœuvre ténue, car Didier Deschamps, sélectionneur dont il est très proche, a élaboré une charte éthique depuis 2012. Mais Le Graët adresse un message transparent à ceux qui critiquent Benzema sur ses origines sociales : « Tout le monde n'a pas la chance d'être né dans un beau village, un beau quartier. On a tous des carrières différentes. C'est vrai que le rôle de ce genre de garçons est d'éviter les mauvaises fréquentations et de conseiller à ses amis de bien se comporter. Mais quand je lis qu'il devrait changer d'amis, non ! Ils doivent bien se comporter, mais cela ne veut pas dire couper ses liens, quitter son milieu familial. »

Une tonalité similaire sur le fond, pas tout à fait sur la forme, à celle de Zinedine Zidane. Celui qui prodigue souvent des conseils amicaux à Benzema s'exprime sur l'affaire à Aubervilliers (Seine-Saint-Denis), en marge de la présentation du ballon officiel de l'Euro 2016. Il souhaite lui aussi que « tout soit réglé » d'ici l'Euro 2016 mais ajoute : « La seule chose que je dis à Karim, puisque nous nous sommes parlé, c'est de faire attention. »

Zidane et Le Graët envisagent sans doute encore une réconciliation pour préserver les intérêts supérieurs du football français. Mais l'enchaînement des déclarations, des rebondissements, rend au fil des semaines cette perspective de plus en plus illusoire. Noël Le Graët, chef d'entreprise prospère, également homme politique – maire socialiste de Guingamp de 1995 à 2008 –, dirige la Fédération française depuis 2011. Après Knysna et la grève délirante des joueurs de l'équipe de France en 2010, le Breton a voulu restaurer l'image des Bleus. Il agit avec méthode, en discutant avec d'autres dirigeants, fidèle à ses convictions. Il refuse de céder une once de terrain à la justice médiatique qu'il déteste. Il envoie un mail à Mathieu Valbuena le 24 novembre, jour du match de Ligue des champions disputé par l'OL face à La Gantoise (1-2). Du coup, Valbuena ne lit pas ce mail, concentré sur la préparation de la rencontre. Et l'ancien joueur de l'OM regrette dans son interview au *Monde*, publiée le 27, l'attitude de la Fédération : « Je n'ai pas eu de soutien. » Quelques lignes plus loin, il renchérit : « Aucun signe. » Noël Le Graët, lui, a d'abord estimé que Valbuena était moins en danger que Benzema, car il est la victime. Donc, spontanément, il a consacré ses premiers mots à défendre le joueur selon lui le plus en péril.

Président rassembleur, il rêve d'une belle campagne des Bleus lors de l'Euro 2016 disputé en France : « Au niveau offensif, la France devrait compter d'excellents joueurs. » Lorsque cet entretien est réalisé, Hatem Ben Arfa brille en Ligue 1 avec Nice, avant d'être par la suite rappelé chez les Bleus par Didier Deschamps. « Je ne suis pas un grand naïf, sourit Le Graët. Je suis très heureux de voir Ben Arfa jouer comme cela. Il possède un talent exceptionnel, mais a du mal en groupe. Il n'a pas bénéficié d'une éducation collective suffisante. Quand je le vois jouer, je suis content. » Le secret pour les Bleus ? « Des gens qui ont de l'allure, des idées et se fondent dans le collectif. » Ben Arfa est finalement convoqué pour les rencontres amicales du mois de novembre 2015 face à l'Allemagne (2-0) et à l'Angleterre (0-2). Le Graët affiche un optimisme mesuré pour l'Euro 2016 : « La France a effectué de gros progrès. Si l'effectif affiche complet, si chacun est au top, je suis optimiste. On a parfois du mal au milieu, il reste des améliorations à faire en défense, mais il y a du choix. Si l'on prend les joueurs un à un, c'est une bonne équipe. Blaise Matuidi a réalisé un début de saison exceptionnel, tout comme Antoine Griezmann, il y a Martial, Coman... » Oui, mais, en attaque, il n'y aura peut-être pas Karim Benzema.

4.

L'anti-modèle

Le 12 novembre 2015, Me Alain Jakubowicz rejoint son confrère Sylvain Cormier pour assurer la défense de Karim Benzema. Interrogé sur la chaîne Infosport +, il livre une phrase clé pour comprendre le profil de l'attaquant du Real : « Karim n'est peut-être pas l'idole qu'on voudrait. Il ne fréquente pas les beaux salons parisiens. On ne va pas en faire un coupable parce qu'il vient des quartiers. »

En raison de son refus de tout compromis, de toute concession, mais aussi à cause de ce qu'il est intrinsèquement, de ses amitiés, de ses fréquentations, Benzema n'incarne en aucun cas la figure du modèle sociétal. Cela tombe bien, il réfute totalement cette idée. Taciturne, peu bavard, timide, il est desservi par son attitude. Mais il n'est pas le seul jeune de la « génération rap » à ne pas être d'un abord facile. Il ne lie pas aisément conversation, à la fois réservé par nature et méfiant par nécessité. Il lève rarement la garde, et cela se comprend : à chaque fois, il subit de graves déconvenues... Il refuse globalement de s'exprimer pour faire taire les polémiques, suivant en cela les consignes de son agent, qui ne l'autorise à parler qu'au compte-gouttes.

Un autre aspect de sa personnalité lui nuit : son côté mauvais garçon. Il commet des frasques qui entérinent sa réputation d'anti-modèle. Il assume totalement, mais se heurte à un obstacle de taille : déjà critiqué pour ses prestations sportives, notamment en équipe de France, il l'est également pour ses errements sur le plan personnel. Parmi les points de faiblesse : son amour immodéré des voitures puissantes, avec une tendance aux excès de vitesse. À Lyon, il était connu pour circuler dans de luxueux véhicules.

Pour retrouver sa trace, nous avons utilisé Twitter, à l'été et l'automne 2015, afin d'obtenir des témoignages par l'entremise de ce réseau social, très prisé par Benzema lui-même. Certains utilisateurs racontent ainsi « leur » Benzema par le prisme d'anecdotes. Jonathan C., un Lyonnais âgé aujourd'hui de trente et un ans, l'a parfois croisé au First Revolution, une boîte de nuit du 6e arrondissement très à la mode dans les années 2000 à Lyon. « Il garait son Audi devant la boîte et était souvent accompagné de filles dans son carré VIP. Il était figé comme Ronaldo avant de tirer un coup franc. Il ne parlait pas beaucoup, Sylvain Wiltord était plus avenant. »

Benzema s'offre très tôt une BMW M6. À Lyon, ses (més)aventures avec les véhicules de grosse cylindrée nourrissent nombre de conversations. Charles, lui aussi contacté *via* les réseaux sociaux, est catégorique : « Benzema vit par et pour les bolides, Mercedes, BMW, qui lui causent beaucoup de soucis. » À dix-neuf ans, il roule dans un rutilant coupé Audi. Jonathan C. évoque une supposée course-poursuite avec la police, jamais établie. « Il y a beaucoup de fausses rumeurs à ce sujet, notamment sur les réseaux sociaux, déplore l'un des proches du joueur. Par exemple, l'histoire d'une Ferrari qui aurait été abandonnée à Bron ne repose sur aucun élément réel. » À Lyon court également le bruit d'interventions de l'Olympique lyonnais pour inciter les forces de l'ordre à la clémence. Sans aucune preuve. Prononcer le nom de Benzema suffit à provoquer la polémique. Même quand elle n'a pas lieu d'être.

Fin septembre 2009, alors qu'il évolue au Real, Benzema est victime d'un accident avec l'Audi Q7 fournie par le sponsor du club. Le véhicule est gravement endommagé, mais Benzema ne souffre d'aucune blessure. L'accident survient après une défaite du Real Madrid à Barcelone (0-1). De retour en avion avec les Merengues, Benzema reprend sa voiture pour rentrer chez lui. Mais, vers 2 heures du matin, il rate un virage, perd le contrôle de l'Audi qui percute une barrière près de son domicile, puis un arbre. Heureusement pour lui, il roule alors à allure modérée, environ 45 kilomètres/heure.

Nouvel accrochage vers 6 heures 30 dans la nuit du 23 au 24 décembre 2009, loin, très loin, de Madrid. Benzema arrive en effet le 22 décembre sur l'île de La Réunion pour y fêter son anniversaire. Il se rend le lendemain dans une discothèque de l'ouest de l'île en compagnie de son ami Rohff, qui l'accompagne lors de ce séjour. À la fin de la soirée, lorsque le duo quitte la boîte, il reprend son véhicule. Les circonstances de la collision qui survient ensuite ne sont pas totalement éclaircies. Selon certains témoins, Benzema a pris place sur le siège passager de la voiture conduite par son ami rappeur. Ils circulent apparemment à bord d'une Lamborghini de location, peut-être conduite par Rohff donc, précédée d'une Porsche Carrera turbo aux mains de leurs amis. Cette dernière s'encastre dans le portail du Grand Hotêl du Lagon à la Saline-les-Bains, dans lequel réside Benzema. Le pneu avant droit éclate et le bolide, dévié de sa trajectoire, est projeté sur des voitures stationnées. Selon d'autres récits, au contraire, c'est Benzema qui conduit la Porsche et freine brutalement en constatant qu'il a dépassé l'entrée de l'hôtel. La Lamborghini, avec ses deux amis à bord, est contrainte de piler et heurte une bordure en béton.

Les médias locaux s'emparent du sujet et le traitent comme une énorme affaire. Et, le 27 décembre 2009, lorsque Benzema et son ami prennent l'avion du retour à l'aéroport Roland-Garros, il sont guettés par une forêt de micros et de caméras. Deux gardes du corps entourent les stars. Énervé, Benzema refuse dans un premier temps les interviews et se dirige vers le comptoir d'enregistrement réservé aux passagers de la classe Club du vol pour Paris. Rohff indique aux journalistes que l'accident n'a pas bouleversé leurs vacances qui ont été « bonnes ». Mais l'imbroglio concerne les circonstances exactes de l'accrochage. L'entourage de Benzema maintient qu'il n'avait pas pris place dans la voiture endommagée. Version bel et bien contredite par des témoins. Rohff ne le cache pas : « Il y a une polémique, je le sais. » Mais le rappeur ajoute qu'elle n'a pas « affecté » les deux hommes qui ont passé leur dernière journée à pratiquer une séance d'abdominaux. Finalement, Benzema emballe ses bagages de marque dans une toile plastique, pose pour quelques photos, puis répond aux médias. Mais, lorsqu'un journaliste lui demande quelle est sa version des faits, il rétorque : « Si c'est ça votre question, je m'en vais... »

D'autres péripéties liées à la conduite surviennent. En juin 2011, selon As.com, Benzema aurait été mêlé à une course de voitures dans les rues d'Eivissa, à Ibiza, aux Baléares. Le site explique que la course mettait en concurrence une Porsche, une Ferrari et une Lamborghini. La Guardia Civil stoppe les conducteurs.

Il aurait été contrôlé en 2013 à 216 kilomètres/heure sur une route de la banlieue madrilène, selon la presse espagnole. Elle indique qu'il encourt une peine de prison de trois à six mois ou une amende étalée sur une année. En réalité, les risques sont moindres : le juge est susceptible de lui infliger des travaux d'intérêt général en faveur de la communauté de Madrid durant trois mois. Une première convocation est repoussée, une seconde est fixée le jour... du match France-Espagne (0-1) au Stade de France, le 26 mars 2013, avant d'être également ajournée. En définitive, Benzema aurait subi un retrait de permis. Cette même année, la presse indique qu'il aurait été contrôlé à 194 kilomètres/heure sur le périphérique de Madrid.

Le 19 mai 2015, un nouvel excès de vitesse lui est attribué par les médias à proximité du centre d'entraînement du Real. Benzema utilise les réseaux sociaux pour réfuter l'information selon laquelle il roule sans permis. Il pose sur un cliché avec le document français. Sur Instagram, il réagit avec cette phrase : « Sans le mensonge, la vérité périrait de désespoir et d'ennui. » A-t-il tout simplement oublié son permis chez lui, comme il l'affirme ? Les policiers vérifient. Selon eux, le permis du joueur a été suspendu depuis 2013. Le Madrilène n'aurait pas suivi les cours indispensables pour le récupérer... Ce qui signifie, toujours d'après la police, qu'il conduit depuis lors sans autorisation.

Il faut noter un manque de clarté sur l'ensemble de ces affaires. Benzema conteste à chaque fois la sanction et affirme qu'il est en règle.

Un soir d'octobre 2015, le joueur aurait été arrêté par la police municipale de Madrid dans le quartier de la gare d'Atocha où il se rend pour dîner avec des amis. La police demande au Français de présenter ses papiers d'identité et son permis de conduire. Benzema produit un document de demande du permis de conduire européen, mais les policiers ne s'en contentent pas. Selon une autre source, Benzema possède bien un permis provisoire obtenu auprès des autorités françaises par son avocat. Benzema dispose d'un délai de cinq jours pour présenter son permis. D'après Cadena Ser, qui dévoile l'info lors de son émission « El Larguero », la voiture de Benzema est immobilisée.

Mais, au final, ces affaires de bolides alimentées par la presse espagnole comportent assurément une grande part de fantasme.

Dans son pays d'accueil, l'Espagne, Benzema est confronté à une (r)évolution médiatique des plus significatives. La presse espagnole, très concurrentielle au niveau du sport avec... quatre quotidiens, des radios, des émissions de télévision, s'est « anglicisée ». Depuis quelques années, les accès aux joueurs ont été coupés, comme cela est de mise en Angleterre. Plus question de les interroger à la sortie de l'entraînement, sur le parking. Seules les zones mixtes permettent encore d'établir un contact. Dans les années 1990, les joueurs madrilènes se confiaient spontanément aux médias. L'afflux de journalistes venus notamment d'Internet a obligé les clubs à évoluer. Tout est codifié, structuré. Les conférences de presse se raréfient, pas le nombre de pages consacrées au football. Du coup, la presse se penche sur l'extra-sportif, guette les écarts des stars, alors que les réseaux sociaux dévoilent des photos dès qu'ils sortent.

Benzema, par son insouciance, sa volonté de jouir de sa fortune, de s'amuser, irrite parfois, fascine souvent. Mais, si ses voitures lui jouent des tours, il est réputé plutôt casanier à Madrid. Le rythme effréné des matches, entraînements, mises au vert, voyages, empêche concrètement les Merengues de beaucoup sortir.

De toute façon, après la naissance de sa fille Mélia dans la nuit du 2 au 3 février 2014 à Madrid, Benzema pouponne. La maman est Chloé De Launay, une jolie infirmière de vingt-quatre ans. Les deux jeunes gens se seraient rencontrés en 2009 lorsque Benzema s'est rendu à La Réunion pour y fêter son anniversaire. Benzema, papa, met à la disposition de ses millions de fans sur les réseaux sociaux des photos et des vidéos de lui jouant avec sa fille, riant aux éclats, épanoui.

Pour le sociologue Stéphane Beaud, auteur du livre *Traîtres à la nation ?,* paru chez La Découverte en 2011, sa stabilisation intervient tardivement pour un footballeur. « Surtout si vous comparez avec Zidane qui s'est lui marié à dix-neuf ans avec Véronique, son amour de jeunesse, et qui a eu très vite quatre enfants, une vraie vie de famille, très rapidement structurée... Guy Roux le dit lui-même : "Quand je recrute un joueur, je recrute d'abord sa femme." Benzema c'est différent. Un joueur de foot riche, c'est beaucoup de tentations. L'affaire Zahia et sa vie de célibataire ont dû aussi jouer un rôle dans la manière dont il s'est construit. »

Comme pour toutes les autres stars du ballon rond, la presse « people » bruisse régulièrement de rumeurs sur des supposées liaisons. Un événement va faire exploser le nombre de « followers » de Benzema sur les réseaux sociaux, jusqu'à atteindre trente millions de fans à travers la planète. Du jour au lendemain, la toile s'enflamme et la presse américaine s'agite furieusement. La rumeur d'une idylle entre la star du Real et Rihanna, la chanteuse actuellement la plus à la mode, se répand. Samedi 20 juin 2015, Rihanna et Karim Benzema se retrouvent dans la même boîte de nuit, le Hooray Club, à West Hollywood, non loin de Chris Brown qui a été le boyfriend officiel de la chanteuse. Arrivés (et repartis) à quelques secondes d'intervalle. Cela suffit à affoler la planète « people »…

Selon des témoins sur place, Chris Brown, présent à quelques mètres de son ex, n'a guère apprécié la scène. Plus tard dans la nuit, il a d'ailleurs posté un message bien énigmatique sur Twitter : « Si tu es vraiment énervé sur quelque chose, essaie de faire preuve de gentillesse. J'essaie cela depuis quelque temps. Ça me réussit. »

Rihanna et Benzema sont également aperçus au Griffin, un établissement prisé du quartier de Chelsea à New York. Quelques jours plus tard, des photos et une vidéo font le tour du monde, montrant les deux stars en train de discuter amicalement. Rihanna danse de manière suggestive… Rien de plus.

À Los Angeles, un célèbre paparazzi français présent sur place raconte : « Benzema a fait plusieurs allers-retours dans l'été, nous raconte-t-il en décembre 2015, sous le sceau de l'anonymat. Il avait loué une villa à

Toluca Lake qu'il partageait avec des potes. Il a d'ailleurs posté des photos sur Instagram. Rihanna était à Los Angeles au même moment. » Le photographe reste prudent sur la réalité effective d'une liaison : « Il n'y a pas vraiment eu d'apparition évidente du couple en public. »

Ce célèbre paparazzi est très renseigné sur Benzema. Selon lui, à peu près un an avant, l'attaquant avait déjà changé ses plans : alors qu'il devait se rendre à Los Angeles, il avait soudain décidé de partir pour New York, où Rihanna se trouvait. Ce serait donc à cette occasion qu'il aurait pour la première fois rencontré la chanteuse après leurs échanges sur les réseaux sociaux. Lors du Mondial 2014, Rihanna, fan des premières prestations des Bleus, avait posté un tweet adressé à Benzema et très commenté, le 25 juin : « Je peux sentir ta douleur. » Un message après Équateur-France (0-0), en référence au mutisme sur le terrain de l'attaquant. Benzema, alors en couple, s'était contenté de poster un message « neutre » en réponse : « Pas de souffrance, pas de victoire. Merci pour le soutien. »

Après Rihanna, Benzema, qui aurait rompu avec sa compagne, apparaît brièvement sur Youtube avec Analicia Chaves, top model pulpeuse de Miami. À la suite d'un vol de portable, des photos sont publiées sur les réseaux sociaux avant d'être effacées.

Notoriété, argent, gloire, succès : les footballeurs deviennent des stars hollywoodiennes. Ils sont aimés, jalousés, détestés parfois aussi, à l'image de Benzema. « Quand

Benzema voit Rihanna, c'est une affaire mondiale sur les réseaux sociaux, commente Vincent Duluc. Les footballeurs adorent rencontrer des gens célèbres. Chez Benzema, la culture rap est présente. Celle des diamants, mais pas des anneaux aux oreilles. » Le journaliste ajoute que Benzema « a tellement d'argent qu'il n'aura pas de souci plus tard » : « Il aime le foot sincèrement, mais je ne l'imagine pas entraîneur. Il pourra choisir la vie qu'il veut. »

Vincent Duluc conserve une analyse distanciée par rapport à Benzema. Ce n'est pas le cas, loin de là, pour de nombreux autres journalistes. L'expérimenté reporter du *Parisien* Dominique Séverac n'hésite pas à critiquer l'ensemble de la confrérie médiatique attachée aux Bleus : « De toute façon, avec Benzema, les journalistes pratiquent le délit de sale gueule car il ne leur parle pas, ne donne pas d'interview. » Nicolas Vilas, journaliste spécialisé dans le football, présentateur de l'émission « Tribune Foot » sur Ma Chaîne Sport, a écrit un ouvrage, *Dieu Football Club*, paru aux éditions Hugo Sport en 2014. Il estime comme Séverac que Benzema est « victime » de ce délit de sale gueule. « C'est lié à ses origines et à la religion, nous déclare-t-il le 4 mars 2015 dans les locaux de Ma Chaîne Sport. Mais, s'il y a bien quelqu'un qui n'incarne ni le prosélytisme ni des comportements identitaires, c'est bien lui. Il se laissait pousser la barbe, certes, mais la maman de sa fille n'a rien d'une "bonne musulmane". Pour Benzema, c'est la même chose qu'en ce qui concerne Ribéry : le fait qu'ils soient musulmans déplaît à une partie de la France. »

En toute discrétion, des clubs intégreraient à leurs critères de réflexion la pratique religieuse des jeunes joueurs. Lorsque certains font le ramadan, adoptent une pratique assidue de la prière, refusent par exemple d'enlever leur caleçon sous la douche, cela pourrait, selon quelques recruteurs, générer des tensions liées à l'équilibre du collectif. Séverac reprend : « Pour qu'on accepte un Arabe en France, il faut qu'il marque deux buts en finale de Coupe du monde. Pourtant, ce sont plutôt des journalistes de gauche qui suivent les Bleus. Mais ils n'échappent pas à un repli identitaire. Il n'y a jamais de débordements « off » de journalistes, mais tu le sens… »

Évidemment, la thèse de Séverac heurte de plein fouet les convictions d'autres grandes voix du football, comme Daniel Riolo, pilier de RMC. Il reproche à Benzema de ne penser qu'à « l'argent » dans une logique où l'on grimpe dans l'ascenseur social sans y convier les autres : « Cette démarche d'individualisme forcené d'un Benzema dessert ceux qui sont en banlieue et sont discriminés. » Pour autant, le journaliste ne renverse pas les rôles. Il en veut d'abord à la France, qui commet la faute première, celle de ne pas faire en sorte que des jeunes comme Benzema se sentent réellement français. Voilà le grand gâchis selon Riolo. Il aimerait que Benzema se justifie, accomplisse un geste politique. « Je voudrais qu'il explique pourquoi il ne chante pas *La Marseillaise*, qu'il en profite pour déclarer : "On va ouvrir le débat, on va expliquer que les banlieues sont délaissées…" »

Mais, de débat, point. Benzema n'endosse aucun autre costume que le sien, exclut tout dépassement de fonction. Il ne s'érige ni en porte-étendard de revendications sociales, ni même en figure emblématique de son sport. « Tous les grands sportifs ont entretenu une relation populaire avec le public », souligne Pascal Praud, à la sortie des studios de RTL, juste après sa chronique matinale. Il cite Michel Platini, Dominique Rocheteau, Yannick Noah, Bernard Hinault... « Dans ce rapport, l'homme compte. J'ai le sentiment que Benzema est sur une planète d'argent, qu'il fait tout pour se situer dans la provocation. Être populaire ne l'intéresse pas. La société a changé, l'argent éloigne. » À tel point que Praud ne considère pas Benzema comme « druckerisable » selon son propre terme : « Tu n'imagines pas Karim Benzema sur le canapé rouge de Michel Drucker. Il y a trente ans, un grand joueur y allait. » Praud ne rejoint pas Riolo à propos de la responsabilité française. « Zidane aussi venait des banlieues. Il a touché le public français en accomplissant un pas vers les médias, alors que Benzema ne fait rien pour aller vers eux ni vers le public. Tu attends qu'il tisse un lien. Les jeunes des banlieues ont parfois le sentiment d'être rejetés en périphérie, maltraités. Ce n'est pas vrai, selon moi. Quand tu es fils d'immigrés, le sport intègre. Combien y a-t-il de Blacks dans la magistrature ? » Pour embraser le cœur des supporters, Praud dévoile la recette : « Ce n'est pas le métier, c'est la personnalité qui fait la différence. Omar Sy est une immense star. Il est sympathique. »

Riolo cite l'exemple d'un autre sportif célèbre au comportement diamétralement opposé, Tony Parker. « Benzema ne donne pas d'interview, déplore Riolo. Regardez Parker, qui fait le contraire, parle. Le basket déclenche des élans de sympathie, mais Benzema s'en fout, car il mise sur sa "Team", celle qui gère ses réseaux sociaux. Si tu le critiques, tu te fais insulter, on ne peut pas émettre le moindre reproche sans être "incendié". »

En septembre 2015, Daniel Riolo, tout comme Jean-Michel Larqué (RMC lui aussi), Pierre Ménès (Canal +) et Damien Degorre (*L'Équipe*) sont pris à partie par Benzema sur son compte Instagram. Sur un montage photo, les quatre journalistes ou consultants sont juchés sur des poneys. Le détournement se veut drôle et est légendé : « Qui sont-ils ? » Riolo répond lui aussi sur les réseaux sociaux : « Ça participe de sa communication virale, alimente sa secte et provoque les insultes de ses fans. » Titre de l'article publié par RMC pour commenter l'incident : « La Team Benzema allume la Dream Team RMC Sport ». Pour l'illustrer, une photo d'un Benzema ultra-provocateur. La communication prend le pouvoir. Benzema et sa « Team » tentent de gagner la bataille. Avec le recul, Riolo reste sur sa position : « Aucun problème, je ne sais pas monter à cheval. Mais, après, il y a la flopée d'insultes. Et ça, Benzema l'assume ou pas ? En tout cas, il a validé ses comptes. »

Sébastien Tarrago, qui a longtemps suivi les Bleus pour le quotidien *L'Équipe* – il a été rédacteur en chef de la rubrique foot avant d'être nommé responsable enquêtes sur L'Équipe 21 – se souvient de cet épisode. Il l'analyse le 17 septembre 2015, à côté des locaux de *L'Équipe*, à Boulogne-Billancourt : « J'ai du mal à croire que cela vienne de Benzema personnellement, directement. Je ne pense pas qu'il écoute, lise ou regarde ce qui le concerne. Mais il possède un entourage très structuré. Normal, vu ce qu'il pèse aujourd'hui[1]. » Riolo acquiesce : « Son agent, Karim Djaziri, téléphone aux médias, fait de la com'. Tu donnes ton avis et, après, tu te prends un coup de fil, mais ça veut dire quoi ? Par exemple, à propos de l'équipe de France, il m'a demandé : "Mais qu'est-ce que tu lui trouves à Olivier Giroud ? Où est le problème ?" Quand tu émets un avis contradictoire, on te renvoie à Giroud, le "Blanc". Mais peut-on critiquer Benzema sans être facho ? Je ne veux pas raccourcir à ce point le débat, mais nous sommes là dans l'expression d'un communautarisme galopant. La France est malade. Je tape plus sur les institutions et les politiques que sur les mecs. Mais quand Djaziri demande : "Qu'est-ce que la France a donné à Benzema pour que Benzema doive le rendre à la France ?", nous sommes face à un vrai problème. Il a réussi grâce à la France, aux centres de formation français. Moi-même, je suis un enfant d'immigrés. Alors, à quel moment se situe la cassure et pourquoi ? Il a tellement de blé qu'il s'en fout... »

Certains membres de l'entourage de Benzema n'hésitent pas à invoquer une France « raciste » en dénonçant

---

[1]. Entretien avec les auteurs.

des écrits jugés hostiles. « Il y a peut-être un fond de vérité par rapport aux joueurs blancs "parfaits" comme Giroud ou Gourcuff mais, finalement, cela les arrange bien d'invoquer cela », indique une personnalité éminente du football français. Benzema, personnage clivant, divise les journalistes comme il divise l'opinion publique. Est-il ostracisé car il se prénomme Karim et se nomme Benzema ? Praud réfute catégoriquement cette thèse : « Et Zidane alors ? N'est-il pas devenu la star absolue ? Benzema a été critiqué quand il ne marquait plus depuis vingt matches en équipe de France, voilà tout. Il n'y a aucune injustice liée à son prénom. Son caractère ne le pousse pas à être dans la séduction. Je crois qu'il s'en moque alors qu'il est assez facile d'être aimé[1]. » Mais Benzema, l'anti-modèle, n'éprouve sans doute pas un impérieux besoin d'être adulé…

---

1. Entretien avec les auteurs.

5.

La gifle

Corps voûtés, mines fatiguées. Les sacs sont jetés pêle-mêle dans la soute à bagages du bus. C'est triste, une équipe éliminée. Vaincus par l'Allemagne (0-1) en quart de finale du Mondial 2014, impuissants face à leurs éternels rivaux, les Bleus quittent le Brésil. Moral en berne, avec le sentiment du devoir accompli sur l'ensemble de la compétition, mais le regret d'un non-match face aux Allemands. Menés trop tôt, les Bleus n'ont jamais pu renverser le cours du match qui, du coup, a dramatiquement manqué d'intensité. Samedi 5 juillet, la délégation française, composée des vingt-trois joueurs et de vingt-cinq membres du staff, dit donc adieu au complexe hôtelier de Ribeirão Preto, ville de cinq cent quatre-vingt-dix mille habitants, située dans le sud-est du pays, près de Sao Paulo, où son camp de base est implanté depuis le 9 mai. Quelques gestes de la main, des sourires de circonstance pour saluer les employés. Les Bleus s'attachent à garder jusqu'au bout un comportement exemplaire, comme l'exigent Didier Deschamps et le président de la Fédération française, Noël Le Graët. Il est 16 heures 30 locales (21 heures 30 françaises) et les Français doivent arriver le lendemain à l'aéroport du Bourget.

L'agent de Karim Benzema, Karim Djaziri, et le meilleur ami du joueur, Karim Zenati, ont effectué le déplacement pour assister à la Coupe du monde. Djaziri joue pleinement son rôle. Omnipotent pour certains, protecteur et efficace pour d'autres. L'un des personnages centraux du football français explique que Djaziri essaie de conserver un contact permanent avec « son » joueur. Il refuse d'en être éloigné et souhaite loger non loin de lui. « Il nous demande une chambre près de Karim, poursuit ce témoin privilégié. C'est une situation assez compliquée. L'agent a tendance à vivre à travers lui. C'est une PME, Benzema… Mais le joueur nous écoute en ce qui concerne la vie des Bleus. Au sujet des photos, des sponsors, tout… »

Au plus haut niveau de l'état-major des Bleus, l'hyperactivité de Djaziri dérange parfois. Il fait partie en tout cas du « paysage » tricolore. Dominique Séverac analyse la méthode de fonctionnement de Djaziri : « Karim Benzema a un agent omniprésent, ce n'est pas un défaut. Cet agent prend des décisions, c'est son ami. Leur relation est fusionnelle. Il se déplace avec les Bleus. Par exemple, à Ribeirão Preto, il avait loué une maison. Mais il ne va pas à l'hôtel des Bleus. On peut prendre l'exemple d'un autre agent, Mino Raiola[1], qui, lui, se rend à l'hôtel du PSG. »

Séverac réfute la thèse du « forcing », de l'entrisme d'un Djaziri qui pousserait les portes de l'intimité de la délégation française : « Il a physiquement besoin d'être proche de son joueur. En dehors de Benzema, il ne s'occupe que de joueurs confidentiels. Il fait bien son boulot et s'adresse à son joueur franchement pour lui dire les choses. » Djaziri choisit ses interlocuteurs et ceux de son poulain. « Il a besoin de se sentir en confiance, oui, certifie encore Séverac. Il parle avec Frédéric Hermel, François Verdenet[2] ou moi-même. Mais cela ne m'empêche pas de faire mon travail. J'étais à Portugal-France (0-1, but de Mathieu Valbuena), le 4 septembre 2015, premier match de Benzema après une période de trois semaines de blessure. Julien Laurens[3] décide de lui attribuer la note de 5/10, je rétorque : "Non, 4." Et il a eu 4. Je pense être honnête. Quand il rate un match, il le rate, même s'il disposait ce soir-là de circonstances atténuantes, car il reprenait. Mais je suis exigeant, avec lui[4]. » Séverac a tissé des liens avec Djaziri. Mais ce journaliste féru d'information et chasseur de scoops ne se laisse pas influencer.

Les relations entre les joueurs de football et les journalistes n'arborent pas toujours un visage apaisé. L'importance

---
1. Chargé notamment des intérêts de Zlatan Ibrahimovic.
2. Journaliste à *France Football.*
3. Autre envoyé spécial du *Parisien.*
4. Entretien avec les auteurs.

des critiques, des notes, les intérêts financiers en jeu, aboutissent parfois à des crispations, des conflits, encore exacerbés aujourd'hui par l'éloignement. Les entourages, parfois belliqueux, tentent de se livrer à des pressions, des manœuvres d'intimidation. Les joueurs, eux-mêmes soumis au stress, craquent parfois. Insultes, injures, menaces se multiplient. Quelques tristes épisodes de dérapages jalonnent la vie du groupe France.

Au Mondial 1998, Christophe Dugarry tire la langue vers les journalistes après avoir marqué face à l'Afrique du Sud (3-0). Plus récemment, William Gallas tend un doigt d'honneur à David Astorga (TF1) pendant la sinistre Coupe du monde 2010. Lors de l'Euro 2012, Samir Nasri disjoncte. Il met le doigt sur sa bouche comme pour intimer le silence alors que se déchiffre sur ses lèvres un « Ferme ta gueule » adressé aux journalistes de *L'Équipe*, après son but égalisateur face à l'Angleterre (1-1).

Dans les clubs aussi, des incidents surviennent. Au PSG, Nicolas Anelka gifle un journaliste de *L'Équipe*, en 2001, à la sortie du centre d'entraînement du camp des Loges. En 2010, toujours au PSG, Mamadou Sakho s'en prend à un reporter du *Parisien*, qui porte plainte. Un an après, en première instance, le tribunal de police de Saint-Germain-en-Laye considère prescrites les poursuites pour « injure non publique » et relaxe Sakho des faits de « violences volontaires ». Le journaliste fait appel et gagne devant le TGI de Versailles. Sakho est condamné à lui verser 1 euro symbolique.

À Ribeirão Preto aussi, un incident survient, peu après le départ des Bleus du Brésil. Il traduit les dérives d'un système au bord de la crise de nerfs. Pierre Ménès affirme sur le plateau du « Grand Journal », lundi 7 juillet 2014, que l'agent de Benzema a giflé un journaliste. Il a vérifié et recoupé son info, dont la source n'est autre que le reporter giflé, comme il nous l'indique mardi 2 décembre 2015. Ménès, né en 1963, a longtemps travaillé à *L'Équipe* et est resté en contact étroit avec de nombreux journalistes du quotidien. S'il n'hésite pas à tacler verbalement ou à effectuer des saillies humoristiques, il n'a jamais lâché le terrain de l'information.

Le polémiste du « Canal Football Club », émission présentée par Hervé Mathoux, n'a jamais dialogué en face à face avec Karim Benzema. Mais les relations entre les proches de Benzema et lui ne sont guère idylliques. Dès 2007, les critiques de Ménès dans l'émission « 100 % Foot » sur M6 suscitent le courroux de Karim Djaziri. En octobre 2007, pour *L'Équipe Magazine*, Benzema juge les chroniqueurs spécialisés dans le foot à la télé. Il se lâche au sujet de Ménès : « Quant à "100 % Foot", une question : Pierre Ménès a-t-il gagné le Ballon d'or ? À la façon dont il assène ses vérités, je m'interroge. Il est spécialiste de tout et tue tout le monde. Il est parfois insultant pour les joueurs. Il ne me fait pas trop rire. » Le polémiste réplique qu'il a remporté autant de Ballons d'or que Benzema... Un confrère de Ménès, Arnaud Ramsay, raconte : « En janvier 2008, alors que je commençais mon CDI à M6, j'ai croisé Pierre Ménès qui m'a dit d'emblée : "Mais pourquoi Benzema ne m'aime pas ?" À l'Euro 2008, je sais que Djaziri et Benzema étaient plus qu'agacés par les commentaires de Pierre sur M6. Ils me l'ont fait savoir puisque je suivais les Bleus pour la chaîne en Suisse. »

Ménès n'éprouve aucune tendresse pour Djaziri : « C'est un agent qui emploie la menace, utilise le mensonge, téléphone pour mettre la pression. » Lui-même affirme avoir été menacé par Djaziri lorsqu'il participait à « 100 % Foot » après l'avoir traité de « menteur » dans une émission. Ce que l'agent dément le 7 décembre 2015, lors d'un entretien téléphonique avec nous. Plusieurs autres journalistes se plaignent de Djaziri. « Quand je travaillais sur l'affaire Zahia, il m'appelait à 2 heures du matin pour savoir ce que je préparais, c'était infernal, mais je n'ai jamais cédé », se souvient un reporter expérimenté. Un journaliste connu d'un hebdomadaire très populaire subit au téléphone ses foudres. Djaziri l'appelle et manifeste son mécontentement en des termes choisis. Puis il explique que c'est dommage, car le magazine allait justement se voir proposer un super-reportage sur l'intimité de Benzema à Madrid… Un proche d'un international nous raconte deux scènes incroyables avec un Djaziri se comportant de manière assez agressive avec lui. Deux altercations ayant failli dégénérer, entre mots désobligeants et intimidations…

Ménès ne pardonne pas non plus à l'agent d'avoir vertement « taillé » Thierry Henry lors de l'Euro 2008, devant plusieurs personnes qui l'ont entendu. Djaziri, selon le chroniqueur, ne se cachait pas pour balancer sur Henry dont il jugeait sans doute les performances insuffisantes ou déclinantes. Estimait-il qu'il n'avait plus sa place en Bleu ? Henry est un joueur que Ménès apprécie énormément, tant sur le plan humain que dans le domaine sportif. « Une fois, Djaziri m'a dit : "Tu ne te rends pas compte, mais Karim, c'est Thierry Henry…" » Ménès réfute la comparaison entre les deux joueurs. « Benzema est derrière Henry pour tout. Le palmarès, le nombre de buts en sélection, la longévité même s'il a encore du temps devant lui. Je ne pense pas qu'il sera élu joueur du siècle du Real. » Allusion au titre de joueur du siècle attribué à Henry par les fans d'Arsenal. « Je ne suis pas certain que Thierry Henry bénéficie d'une image sympa, mais je me souviens d'une anecdote. Quand la France a gagné (1-0) en Irlande en septembre 2005, lors des éliminatoires de la Coupe du monde 2006, Henry a marqué. Il m'a raconté qu'il était blessé mais avait vu la veille du match Thuram et Vieira incapables de marcher. Et, au coup d'envoi, ils étaient là, "offrant" leur corps à la France. Du coup, Henry était obligé de jouer aussi. Nous savons tous qu'il s'agissait d'une génération exceptionnelle. Mais, aujourd'hui, nous sommes très loin de tels comportements… »

Estime-t-il Benzema sulfureux ? « Non, mais indolent et nonchalant. Il compte des amis d'enfance guère recommandables. Qu'il roule sans permis, je m'en fous. Même au moment de l'histoire Zahia, je trouvais déplacé ce qu'on lui reprochait. » Pour Ménès, en revanche, l'affaire liée à la sextape de Mathieu Valbuena appartient à un tout autre domaine. « Benzema est aussi victime de sa désinvolture lorsqu'il a été convoqué par le SRPJ de Versailles. » Selon le chroniqueur, il aurait regardé sa montre en indiquant aux enquêteurs à quelle heure il devait partir...

Ménès ne mésestime pas le talent de Benzema. Mais il regrette qu'il en use avec parcimonie. « Il y a deux Benzema, un en club, un en sélection. En club, il s'agit du meilleur joueur français. Avec Lyon puis le Real, il réalise une très belle, voire une grande carrière. Il n'y a rien à dire. Même si, au Real, il a un rôle bizarre : c'est le seul avant-centre auquel on ne demande pas de marquer... En équipe de France, il est à la fois suffisant et insuffisant. » Mais les Bleus ne sont-ils pas moins forts que le Real ? « Si, mais Rooney marque aussi avec l'Angleterre qui est moins forte que Manchester United, Cristiano Ronaldo marque avec le Portugal, moins fort que le Real, Ibrahimovic marque avec la Suède qui est moins bonne que le PSG... » L'équipe de France ne transcende pas l'enfant de Bron. « Il s'en fout. Il avait bien déclaré que son cœur est algérien. » Pour Ménès, c'est une déclaration à la fois sincère et inadmissible. Le polémiste n'envisage aucunement la présence du Madrilène lors de l'Euro 2016 : « Pour moi, sauf si la justice le relaxe d'ici là, ce n'est pas jouable. Je ne pense pas qu'il sera présent et, d'ailleurs, je ne l'espère pas. Il faut tout de même dépasser le cadre du sport. D'autant que le sélectionneur prône l'intransigeance. Et, intransigeant, il l'est, avec Samir Nasri ou Dimitri Payet. » Mais les Bleus peuvent-ils gagner l'Euro sans Benzema ? « Et avec lui, on gagne ? réplique du tac au tac Ménès. Il y a du lourd maintenant avec Griezmann, Martial, Coman, Giroud qui se débrouille toujours pour marquer un but... »

Ménès ne fait pas partie des supporters inconditionnels de Benzema, on l'aura compris, mais il reproche surtout à son agent, Karim Djaziri, « de ne pas faire grand-chose pour canaliser son joueur ». Alors, en 2014, il n'hésite pas à sortir ses infos en provenance du Brésil. Deux des envoyés spéciaux de *L'Équipe* auraient été pris à partie par l'agent mais aussi par un ami de Karim Benzema : le journal est placé dans l'obligation de réagir. En effet, une fois l'affaire révélée, ne pas en parler revient aux yeux du lecteur à cacher délibérément la nouvelle ou à ne pas soutenir ses propres journalistes.

Généralement, les journaux qui font partie du groupe Amaury – *Le Parisien, L'Équipe* ou *France Football* – rechignent à évoquer les incidents qui les mettent aux prises avec des sportifs. La philosophie maison est claire : ces problèmes n'intéressent pas les lecteurs et font hélas partie de la « cuisine » interne. Mais, cette fois, le journal ne peut rester silencieux. Le 9, *L'Équipe* donne donc sa version des faits dans un encadré titré : « L'agent de Benzema agresse des journalistes de *L'Équipe* ». Le journal confirme que l'agent et un ami de Benzema ont « menacé, insulté et agressé » trois journalistes auxquels ils reprochaient des articles qui leur auraient déplu.

Les incidents résultent en fait d'une accentuation de la tension au long de la Coupe du monde. L'un des journalistes de *L'Équipe,* impliqué à son corps défendant, est Sébastien Tarrago, alors responsable de la rubrique football. Il suit les Bleus depuis 2006 et connaît très bien Karim Benzema et son entourage. Tarrago est en effet en charge de l'OL au moment de l'éclosion de Benzema. « L'agent était très fort sur le plan médiatique et cherchait un relais, se souvient-il. Pour *L'Équipe*, c'était Vincent [Duluc]. Moi, je m'occupais plutôt de Ben Arfa. »

Historiquement, Djaziri et Tarrago n'entretiennent pas les meilleures relations du monde. Parfois, les discussions sont émaillées d'agressivité. Djaziri considère notamment que Tarrago est « méchant » et lui reproche une note attribuée à Benzema lors d'une rencontre européenne face aux Glasgow Rangers. L'agent commence à se persuader qu'il pourrait exister une inimitié « personnelle » entre le journaliste et son joueur.

Tarrago, dont le travail consiste à suivre l'équipe quasiment au jour le jour, à sortir des scoops, à réaliser des interviews, a réussi à tisser des liens avec le défenseur international sénégalais Lamine Diatta, joueur de Lyon entre 2004 et 2006. Il retrouve un jour Diatta, de passage à Lyon. Le défenseur a prévu de déjeuner avec Karim Benzema et son entourage. Il invite tout naturellement Tarrago à se joindre au groupe. Celui-ci décline la proposition. Sur le parking, Diatta interpelle Benzema en lui demandant s'il rencontre des problèmes avec Tarrago. Le joueur rétorque : « Non, mais il a des problèmes avec mon agent, donc il a des problèmes avec moi. »

Si Tarrago et Djaziri conservent généralement leurs distances, certains rapprochements surviennent. Lors de l'Euro 2012, en zone mixte, là où les joueurs passent obligatoirement après les matches au moment de quitter le stade, Tarrago voit avec surprise Djaziri venir l'embrasser. En d'autres occasions, le journaliste reçoit « quelques menaces gentilles, somme toute classiques ». « Depuis 2012, je suis assez critique au sujet des joueurs de l'équipe de France, explique Tarrago. En 2013, Karim Benzema se retrouve sur le banc. En mai ou juin, je publie une "opinion" dans laquelle j'explique qu'il est catastrophique mais qu'il n'y a pas mieux. Si l'on ne peut plus écrire qu'il n'est pas assez influent, si le dire provoque un drame, alors cela devient compliqué. »

Avant le Mondial brésilien, les Bleus balaient la Jamaïque à Lille (8-0). Benzema réalise un doublé mais *L'Équipe* calcule le nombre de passes échangées entre Giroud et lui. Il est dérisoire, ce qui souligne le dysfonctionnement de leur association. Au Brésil, les proches de Benzema et Tarrago voisinent d'abord sans heurts. Mais, après le quart de finale face à l'Allemagne, le journaliste affirme que Benzema n'aime pas Giroud. Selon lui, cela se voit et c'est dommage. « Ce que j'écris ne passe pas auprès de l'entourage de Benzema, mais ce n'est pas grave. » De son côté, Olivier Giroud a donné en octobre 2013 une interview à *France Football* où il affiche sans doute maladroitement ses ambitions et évoque sa relation avec Benzema : « On s'entend bien, mais c'est vrai qu'on est en concurrence. À un moment, c'est bien d'assumer ça. Forcément, je suis candidat au poste d'avant-centre de l'équipe de France, c'est normal. » Zone d'extrêmes turbulences... Benzema n'a pas digéré l'ambition jugée dévorante de Giroud.

Dans leur ouvrage *La Bande à Deschamps, naissance d'une équipe* paru en septembre 2014 chez Robert Laffont, Damien Degorre et Raphaël Raymond, journalistes à *L'Équipe*, dissèquent l'origine du malaise. Ils remontent à la rencontre France-États-Unis du 11 novembre 2011, première cape de Giroud. Selon les auteurs, au milieu des remplaçants, Benzema se moque de son coéquipier : « Un brin effronté, un soupçon méprisant, il assurait à un auditoire qui gloussait pour partie ne pas avoir grand-chose à craindre pour sa place. » Le fossé entre les deux hommes n'est jamais comblé. Benzema n'apprécie pas Giroud, n'éprouve guère d'affinités pour son jeu. Une grande compétition comme un Mondial exacerbe les tensions. Djaziri ne supporte pas les écrits laudateurs envers Giroud, les considère comme des attaques à l'encontre de Benzema. Le système de « conditionnement » des journalistes est bien rodé.

Au Brésil, le débordement initial mettant aux prises l'entourage de Benzema et *L'Équipe* survient lors d'un match de football disputé entre journalistes. Damien Degorre, autre reporter renommé du quotidien sportif, pour le compte duquel il écrit sur les Bleus et le PSG, est pris à partie par Karim Djaziri, invité ce jour-là par TF1. « Ils se chicanent », raconte un témoin. *L'Équipe* évoque cet incident dans son encadré récapitulatif : le 17 mai, après France-Honduras, le journal relève des « insultes, menaces physiques et une bousculade de Djaziri sur un premier représentant du quotidien ». C'est le premier acte.

Pendant la Coupe du monde, Tarrago, focalisé sur ses papiers et le management, ne croise ni Djaziri ni son ami, qui n'est autre que Karim Zenati, ultérieurement mis en cause dans l'affaire de la sextape de Mathieu Valbuena. Lorsque les Bleus quittent leur résidence pour rentrer en France, un « troisième homme » de *L'Équipe*, Raphaël Raymond, est interpellé par Zenati à l'aéroport. L'avion des Bleus a déjà décollé, les médias repartant plus tard. Raymond est giflé par l'ami de Benzema. *L'Équipe* écrit : « L'ami de Benzema et de son agent dit à un autre journaliste qu'il manque de respect à Karim Benzema et lui flanque une gifle. » Deuxième acte.

Dans une chambre de son hôtel brésilien, Tarrago a organisé une mini-réunion pour demander à ses troupes de ne jamais céder à la provocation et de ne pas y répondre. Les journalistes doivent tourner les talons en cas de situation tendue. Avant de rentrer en France, Tarrago décide d'aller boire un verre. Il arrive en retard et fait attendre ses collègues. Julien Hababou, ancien de *L'Équipe* désormais sur M6, patiente. Tarrago reçoit un appel d'Émery Taisne (lequipe.fr) qui lui recommande de « faire gaffe ». Taisne est sorti fumer et a aperçu Djaziri. Celui-ci cherche à savoir où est Tarrago… Le journaliste ne se dérobe pas et ne change pas son programme. Selon un témoin, proche de *L'Équipe*, Djaziri se précipite vers lui à son arrivée, l'insulte puis lui assène un coup. Tarrago, respectant ses propres requêtes, ne réplique pas et garde son calme. Il s'agit du troisième acte, selon l'encadré de *L'Équipe* relatant les faits : « L'agent s'en est pris à un troisième reporter de *L'Équipe*, en lui assénant un coup avant de l'insulter et de le menacer de façon explicite. » Le journal conclut que les intéressés se réservent le droit de porter plainte pour « menaces, coups et blessures et entrave à la liberté d'expression ».

Les envoyés spéciaux envisagent sérieusement de saisir la justice. Tarrago rencontre l'avocat du groupe Amaury, Me Ader. Celui-ci détaille la complexité du dépôt de plainte au Brésil. Les journalistes doivent d'abord retourner là-bas. Finalement, ils renoncent, n'ayant pas envie de se lancer dans cette procédure aléatoire.

Djaziri, lui, livre une version bien différente à ses interlocuteurs de l'époque : il a été provoqué, n'a pas frappé de journaliste. D'ailleurs, il précise que les policiers brésiliens n'ont pas donné suite, car il n'était tout simplement pas en tort. Aujourd'hui, les observateurs s'avouent perplexes face au récit des incidents. Ils prennent en tout cas beaucoup de précautions. « Les versions sont antagonistes », résume Dominique Séverac du *Parisien*.

Tarrago établit distinctement la différence entre Benzema et son agent et affirme haut et fort que « Karim Benzema ne se comporte jamais mal ». Il n'a « aucun reproche à lui adresser » au sujet de son attitude. « Je ne le vois jamais s'énerver, il s'en fout. Nasri, par exemple, se situe dans l'échange, y compris dans l'agacement. Il veut convaincre, alors que Benzema ne montre pas au public ce genre de choses. » Il comprend également les emportements de certains joueurs après une rencontre, les mots plus hauts que les autres, sous l'effet de la « pression dingue d'un milieu particulier ». Mais l'entourage de Benzema affiche tout de même une particularité. Tarrago la dévoile : « Avec eux, tu es pour ou contre. Moi, je ne suis pas là-dedans. »

Pour ou contre, mais souvent contre. Pourquoi Karim Benzema est-il si mal aimé ? Pourquoi l'opinion publique et les médias ont-ils érigé ce portrait à charge ? Son personnage est beaucoup plus complexe que ne le présuppose l'image caricaturale parfois propagée. À ces attaques, Benzema répond calmement : « Je ne sais pas si les Français ont un problème avec la réussite. En tout cas, je suis fier de mon parcours, comme tous mes proches d'ailleurs. C'est sûr que ça ne plaît pas à tout le monde. Je ne suis pas un acteur : je ne joue pas un jeu envers les gens, car je n'y arrive pas. Je suis tel que je suis. »

Les sociologues se penchent désormais sur cet étrange divorce avec l'opinion, parfois même avec les supporters. Assis au fond d'une brasserie de Montparnasse à Paris, le 11 décembre 2015, Stéphane Beaud se repasse en mémoire ses écrits sur Benzema et ces joueurs de la « troisième génération ». Son livre *Traîtres à la nation ?*, publié juste après la tristement célèbre affaire du bus de Knysna lors de la Coupe du monde 2010, a créé le débat. Alors que les joueurs issus de « cités » étaient stigmatisés par beaucoup, Beaud a proposé une analyse sociologique du naufrage. Il s'est notamment attaché à expliquer pourquoi les joueurs de 2010 diffèrent de ceux de 1998, mais aussi comment la société française et ses classes populaires ont évolué, tout en s'intéressant également au marché du football professionnel. « Il faudrait creuser cette piste du ressentiment de la troisième génération, de cette suspicion généralisée qui pèse sur les descendants d'immigrés maghrébins qui ne savent pas aujourd'hui combien de générations il faudra pour être acceptés et reconnus comme pleinement français[1] », écrit-il dans son ouvrage.

Cet intellectuel brillant se passionne aujourd'hui non pas tant pour l'affaire de la sextape de Mathieu Valbuena que pour ce qu'elle suscite dans la société française. Le chercheur se fait plutôt l'avocat du joueur : « Benzema est surtout desservi par une sorte de "délit de faciès". Il est toujours fermé, ne sourit jamais. Il est vilipendé parce qu'il ne fait jamais "guili-guili" avec la presse[2]. » Benzema possède donc un côté mauvais garçon, non pas parce qu'il est un mauvais garçon, mais qu'il joue à l'être. « Benzema est un enfant d'immigrés de la troisième génération, note Beaud. Il ne parle pas couramment l'arabe ou le kabyle, c'est un gars de la cité essentiellement. Quand on demandait sans cesse à Zidane : "Vous êtes quoi ?" Il répondait "Moi, je suis marseillais." Benzema,

---

1. Stéphane Beaud, *Traîtres à la nation ? Un autre regard sur la grève des Bleus en Afrique du Sud*, La Découverte, 2011.
2. Entretien avec les auteurs.

lui, répond : "Je suis de Bron-Terraillon." Il est d'abord Bron-Terraillon, ensuite lyonnais, ensuite français. Il sait très bien qu'on lui reprochera systématiquement une forme de communautarisme et cela le hérisse[1]. »

Un autre chercheur, Julien Goron, sur son blog, justifie la personnalité de certains joueurs par l'emprise de l'entourage et de la famille : « Si certains footballeurs professionnels conduisent sans permis, ne chantent pas *La Marseillaise* ou rendent des services plus que douteux à des individus mal intentionnés, c'est parce qu'ils tiennent à rester conséquents aux valeurs du groupe de référence qui ont forgé leurs identités. Agir autrement, c'est comme trahir tous leurs copains qui n'ont pas pris, comme eux, l'ascenseur social. À bien y regarder, toute la communication non verbale de Karim Benzema exprime cette tension. » Selon Julien Goron, l'entourage « d'avant » continue donc à les influencer. Stéphane Beaud confirme : « Il y a un lien vital à la famille, c'est la surprotection des parents qui explique aussi leur faible vie sociale à l'extérieur. Benzema est issu d'une famille recomposée. Ses parents ont passé leur temps à le protéger de la cité. Ils choisissent par exemple un collège privé catholique en sixième à Lyon plutôt que le collège public du quartier. Il est pieds et mains liés à sa famille. Il connaît peu l'extérieur. C'est un peu son drame. »

Et, plus tard, l'extérieur ne peut pas s'appréhender normalement en raison de la starification des jeunes

---

[1]. Entretien avec les auteurs.

footballeurs. Beaud poursuit : « On ne mesure pas assez le coût social et psychologique de la réussite fulgurante de certains joueurs entre dix-huit et vingt-cinq ans. On ne voit que leurs salaires mirobolants. Le succès leur arrive alors qu'ils ne sont pas construits dans leur tête[1]. » Il insiste sur l'absence de maturité des jeunes joueurs stars : « Cela donne des gens infantilisés qui vivent en dehors du monde social. Ils sont donc capables de toutes les transgressions. Ils ont de surcroît un sentiment d'impunité, sont toujours pardonnés. Ils sont hors-sol. Mais il y a l'effet boomerang quand la justice et les médias se saisissent d'une affaire. On leur tombe dessus parce qu'ils gagnent plus encore que des traders polytechniciens alors qu'eux n'ont souvent pas fait d'études. On ne leur pardonne pas ça. Ils sont condamnés à l'avance. Il n'y a pas d'égalité de traitement. Ce ne sont pas les joueurs qui réclament 500 000 euros par mois, c'est le système qui leur donne ces sommes astronomiques et cela leur fait forcément "péter les plombs". Ces sommes énormes qui circulent ont rendu dingues les gens du foot et leur entourage. Si Benzema avait été mieux entouré et surtout mieux encadré, cette affaire de sextape ne serait jamais arrivée[2]. »

---

1. Entretien avec les auteurs.
2. Entretien avec les auteurs.

Un avenir à construire

Tout lui échappe, ou presque, alors qu'il détenait pendant longtemps l'elixir de la réussite. Tout, alors il se raccroche à saa communication directe, sur les réseaux sociaux. Ultime paradoxe : là où il pourrait tout maîtriser, exister sans intercesseur, Karim Benzema s'en remet encore à son système. Ou, plutôt, à une partie de ce système…

Karim Benzema, KB9, l'expert en *personal branding*, prospère sur les réseaux sociaux sous la houlette de la société qui gère son image, Best of Benzema. Elle est placée sous l'autorité de Yassine. Dans le système Benzema s'esquisse une particularité remarquable : ce pan entier de son univers échappe en grande partie à son agent Karim Djaziri, habitué à tout verrouiller. La stratégie repose sur une communication directe vers une communauté de fans, prompts à défendre leur héros contre toute agression extérieure. La forte notoriété de la marque Benzema se suffit à elle-même, mais le joueur entretient aussi sa réputation connectée en postant des messages sibyllins ou audacieux. Il contrôle le plus possible sa communication.

Au 25 janvier 2016, il dispose de 3 536 684 abonnés sur Twitter, pour quarante-trois abonnements. Il n'a tweeté qu'à cinq cent trente-huit reprises. Sur son profil, il se décrit comme « football player », en anglais, membre d'abord de l'équipe de France, puis du Real Madrid. La Team Benzema, très active, retweete des messages qui le concernent ou donne aux fans des nouvelles du joueur. L'attaquant est abonné aux comptes de la FFF, de l'équipe de France, de joueurs tels Mamadou Sakho, Blaise Matuidi, Steve Mandanda, Antoine Griezmann, Paul Pogba, Clément Grenier. Il suit l'OL, ses coéquipiers madrilènes, mais aussi les Enfoirés, les Restos du Cœur, Adidas ou Rihanna, le journaliste Frédéric Hermel.

Ses propres tweets relatent des scènes de vie quotidienne. Le 16 novembre 2015, il poste une émouvante photo de l'effectif madrilène réuni pour respecter la minute de silence en mémoire des victimes des attentats parisiens du 13 novembre.

Bien entendu, les réseaux sociaux lui servent aussi à démentir les rumeurs de transfert. Comme au début de la saison 2015-2016, lorsque certains médias anglais prétendent qu'Arsenal l'érige en priorité absolue pour son recrutement. Les Gunners londoniens, dirigés par l'entraîneur français Arsène Wenger, s'apprêteraient à formuler au Real une offre à hauteur de 65 millions d'euros. Benzema réplique : il publie une photo de lui tout sourire dans le vestiaire du Real en la dédiant aux « clowns » qui veulent faire « croire des choses » à ses fans. Informations fausses. « Ici, c'est chez moi », lance-t-il. Fin août, Wenger clôt lui-même ce mauvais feuilleton : « Cette histoire est terminée, oui, mais elle a été entretenue artificiellement pendant des semaines. Vous ne pouvez pas maîtriser la situation quand un joueur est sous contrat, vous n'êtes pas décideur. Le Real Madrid l'a rappelé à plusieurs reprises. Nous aussi, nous aimons maîtriser l'avenir des joueurs qui sont sous contrat avec nous. » Frédéric Hermel n'a jamais cru à la réalité de ce transfert. « Je savais que l'opération n'allait pas se réaliser. Pérez m'avait indiqué qu'il faudrait lui passer sur le corps pour qu'il vende Karim[1]. »

Benzema communique également *via* Instagram, Facebook et lance un site officiel k-benzema.fr, en septembre 2015. Il médiatise l'opération, suivie par de nombreuses publications. Closer.fr consacre un article au lancement du site, effectué en collaboration avec l'agence lyonnaise Genius Lab, celle de Yassine, spécialisée dans le développement sur mobile. Les « classiques », biographie, actualités, statistiques, y figurent, tout comme des « news » en cinq langues. Benzema utilise un « social wall » interactif pour échanger avec ses adeptes.

Dans la « vraie vie », il ne se dérobe pas face à des rencontres fortuites. Lyes S., que nous avons d'abord contacté sur Twitter, n'oubliera jamais Karim Benzema. Il nous

---

[1]. « Transfert : Arsène Wenger regrette pour Karim Benzema », *L'Équipe*, 25 août 2015.

explique pourquoi lors d'une conversation téléphonique : « C'était un jour d'hiver, il y trois ou quatre ans. J'avais alors vingt-neuf ans. Une nuit, à 2 heures du matin, avec ma copine, on tombe en panne d'essence route de Genas, qui délimite le 3ᵉ arrondissement de Lyon et Villeurbanne, avec ma Twingo déglinguée. Nous sommes sur la ligne droite, sur la route de Vaulx-en-Velin. On cherche une station essence, on va à BP, mais ils ne sont pas ouverts 24/24. Il fait froid, on tente d'arrêter quelqu'un, en vain. Nous n'avons pas de téléphone qui marche, impossible de prévenir un proche. » Lyes et son amie commencent à se décourager lorsqu'un coupé noir arrive et stoppe. « Le conducteur nous demande ce qui se passe. Je le reconnais, même s'il porte une casquette. C'est Karim Benzema. On lui explique que nous sommes en panne, il se renseigne pour savoir à quoi on roule, poursuit Lyes. Il nous dit : "Ne bougez pas, je reviens avec un jerrican d'essence." » Et la star se rend à la station voisine. Un quart d'heure plus tard, Benzema revient auprès du couple avec un jerrican plein. « Il me sourit, je le remercie et lui demande combien je lui dois, il répond : "Rien." Il ne parle pas beaucoup. Ma copine était aussi surprise que moi. » Au final, Lyes livre sa vision, contrastée, de Benzema : « C'est un personnage double, qui est autant aimé que détesté à Lyon. Moi, je viens des Minguettes, il constitue un modèle de réussite mais son comportement, et je ne parle pas de foot, pose question. Il semble qu'il veuille mettre sa famille à l'abri, qu'il achète une maison à sa mère. Aujourd'hui, a-t-il conservé ses valeurs ? »

Toujours ces deux visages antagonistes, finalement constitutifs du champion. Docteur Karim et Mister Benzema. Deux facettes d'un personnage dépassé par lui-même, par cette destinée incroyable, de Bron à l'OL, de Madrid à l'équipe de France. L'aventure passablement déstructurante d'un enfant du quartier de Terraillon. Un parcours auquel certains s'identifient. Ainsi Leo, jeune homme actif sur Twitter, qui habite en périphérie de Lyon, considère que Benzema incarne la soif de réussite de toute une génération. « Avec un copain, on le suit depuis ses débuts. Il est sûr de lui. Je me souviens quand il avait annoncé aux titulaires qu'il allait prendre leur place. Il y avait une part de vérité ! »

L'anecdote est intéressante. À seize ans, Benzema s'entraîne de temps à autre avec les professionnels. Paul Le Guen, alors entraîneur de l'OL, l'intègre réellement au groupe en décembre 2004 lors d'un déplacement à Sochaux. À l'hôtel, la veille du match, Benzema subit le traditionnel « bizutage » qui débouche sur un court discours resté mémorable. Alors que l'attaquant a repoussé les premières demandes, croit avoir été oublié et se recroqueville sur sa chaise, le Brésilien Juninho, figure charismatique de l'OL, frappe son verre avec sa cuillère et regarde Benzema. C'est à lui, cette fois, il faut s'exécuter... Très timide, il se lève, bafouille d'abord, ce qui provoque l'hilarité générale, avant de se lancer. Sous les yeux notamment de Sidney Govou et Sylvain Wiltord, qui vont l'encadrer comme des grands frères, il assène : « Vous pouvez rigoler, je suis là pour prendre votre place. » Il se rassied après ces paroles prémonitoires. Ses coéquipiers l'applaudissent à tout rompre. Baptême du feu réussi.

Stéphanie G., qui a suivi une formation à l'OL en tant que photographe et est désormais animatrice radio, estime que Benzema s'incarne avant tout « par un regard », celui qu'elle capte dans son objectif. « Je le suivais de près même avant de devenir photographe. Il a très vite explosé avec Gérard Houllier qui a succédé à Paul Le Guen. Je vois encore son intense concentration avant d'entrer sur le terrain, en match ou même à l'entraînement. Son regard me marque. Un regard conquérant, déterminé par cette immense envie de réussir. »

Beaucoup de témoignages recueillis sur Twitter concernent Benzema le joueur irrésistible, le buteur hors-pair. Plusieurs footballeurs l'ont affronté au sein des équipes de jeunes, alors qu'il portait les couleurs de l'OL. Charles se souvient des comparaisons entre Hatem Ben Arfa et Karim Benzema, inévitables à l'époque. « Karim était tout fin, même s'il était costaud dans les duels », raconte Charles, qui a lui-même évolué en CFA à Chasselay. Un témoin anonyme relève : « Ben Arfa donnait des chaussures à Karim qui en manquait. »

Il y a donc plusieurs Karim Benzema. Un Benzema critiqué, celui qui ne chante pas *La Marseillaise*, celui de l'affaire Zahia, celui qui est mis en examen dans l'affaire de la sextape de Mathieu Valbuena, celui qui n'aime pas jouer sur un côté mais préfère l'axe en équipe de France, celui qui s'offre en août 2015 un ballon en diamants d'une valeur de 250 000 dollars, soit 226 000 seuros, selon le site américain TMZ. Ce ballon, qui provoque énormément de réactions sur les réseaux sociaux, se compose de soixante-douze mille pierres précieuses pour 1250 carats. « Comme beaucoup d'autres, Benzema ne fait plus jamais rien par hasard, estime Sébastien Tarrago. Cette histoire de ballon en diamants ne m'étonne pas. Il s'est accordé un petit plaisir. »

D'un autre côté, à contre-jour, apparaît le Benzema qui tient ses engagements, fidèle à ses convictions, l'homme qui « ne ressemble pas du tout en privé au personnage décrit par les médias » selon l'un de ses proches. Comme d'autres joueurs de l'OL, notamment Alexandre Lacazette aujourd'hui, Karim Benzema honore le partenariat entre l'OL et le centre Léon-Bérard de cancérologie. Un jeune garçon, atteint par un cancer en octobre 2014, se souvient encore du récit des infirmières. « Elles ont vu Karim arriver. Il avait téléphoné à l'hôpital et est passé dans la journée, ça a beaucoup touché les gens », précise ce malade, aujourd'hui en rémission.

Philippe Oddou, directeur général et cofondateur de l'association d'intérêt général Sport dans la ville, conserve lui aussi de bons souvenirs de Benzema. L'association, créée à Lyon en 1998, prépare pour l'Euro 2016 un festival sport et culture. Il va réunir cinq cents enfants de quatorze à dix-huit ans venus du monde entier du 30 mai au 8 juillet prochains à Lyon. Sport dans la ville ne se contente pas de ce festival exceptionnel, mais œuvre au quotidien et ouvre régulièrement des « centres », sous la forme de terrains en gazon synthétique au cœur des cités et même « au pied des immeubles ». Il s'agit de bâtir une forte proximité avec les jeunes utilisateurs.

Ces trente terrains où l'on dispute des matches à six contre six sont ouverts 24/24, réservés aux quartiers sensibles de Lyon, Grenoble, Saint-Étienne et maintenant de la banlieue parisienne. Autour de Lyon, ils sont implantés notamment à Vaulx-en-Velin, La Duchère, Mermoz, Villeurbanne et, bien entendu, à Bron. « Nous avons construit notre centre du quartier Terraillon il y a quatre ans, ajoute Oddou. Mais c'est à côté, sur le terrain de Parilly, que l'un des frères de Karim Benzema est venu jouer pendant plusieurs années. Nous créons une proximité forte avec les jeunes sportifs. »

L'Olympique lyonnais et Sport dans la ville entretiennent une proximité historique. Jean-Michel Aulas soutient vivement le projet. Les joueurs de l'OL se sont déplacés pour inaugurer chacun des douze centres lyonnais. « Karim Benzema est passé à quatre ou cinq reprises. Il est également tenu à nous rencontrer à notre siège du 9ᵉ arrondissement de Lyon pour un campus. Il est disponible, son relationnel est naturel avec les jeunes, car il a grandi lui-même dans ces territoires. Je l'ai toutefois trouvé timide et introverti, mais jamais hautain. » Lorsqu'il se rend au siège, il y a deux ans, Benzema évolue sous les couleurs du Real Madrid. « Le constructeur automobile Hyundai fait partie de nos partenaires, de nos mécènes, renchérit Oddou. Je pense que Karim Benzema devait avoir un contrat de sponsoring avec cette marque et qu'il est venu dans le cadre de ce contrat. Cette fois, son agent avait fait le déplacement avec lui. » Benzema prend place dans une salle entouré de cent cinquante jeunes. Ils lui posent des questions en rafales et le joueur ne se montre guère à l'aise dans l'exercice. « Mais les enfants étaient évidemment très contents. Il a marqué positivement l'OL grâce à plusieurs belles saisons. À Lyon, on conserve un bon souvenir de lui. »

Pour autant vit-on de souvenirs ? Après une défaite, un joueur de football se relance mentalement en songeant au prochain match. Face au défi le plus difficile de sa carrière, Karim Benzema ne peut pas se contenter de penser à la rencontre suivante. Il lui faut s'interroger sur les raisons qui ont conduit à sa récente mise en examen, sur la nature profonde du système mis en place autour de lui. Peut-il le modifier, en a-t-il les moyens, la force, la motivation ? Certains, dans son entourage, manifestent leur envie de s'impliquer davantage pour lui permettre de s'émanciper, de s'ouvrir, de ne plus s'en remettre uniquement à son agent, sans l'écarter pour autant. Car Karim Djaziri a su négocier de lucratifs contrats et accompagner Benzema depuis plus d'une décennie, jusqu'au Real Madrid et à l'équipe de France.

Lorsqu'un entraîneur traverse une crise de résultats sportifs, semble dépassé par les événements, il est parfois incité à changer de système de jeu. Certains acceptent, d'autres refusent, prononçant cette célèbre maxime footballistique : « Je préfère mourir avec mes idées. » Karim Benzema, lui, changera-t-il de système de vie ?

En juillet 2015, sur Instagram, Benzema, assis dans un avion privé, poste un mystérieux message : « Laissons le passé au passé... », suivi des hashtags #rip et #directionturfu. Il sourit. Le futur semble à lui. Vraiment ?

En ce début d'année 2016, il négocie vraiment le dernier tournant de sa vie de star du football mondial. Le petit prince de la cité de Bron va-t-il surmonter cette épreuve personnelle et judiciaire ? Participera-t-il à l'Euro 2016 ? Il joue à quitte ou double en décidant de faire « tapis », comme les grands joueurs de poker dans l'adversité.

Cette mise en danger permanente est aussi la signature d'un joueur au talent infini. Le nom de Karim Benzema restera dans les livres d'histoire du football. Pour le meilleur ou pour le pire. Peut-être les deux.

Table des matières

I.
L'AFFAIRE

1. Réunion secrète... 17
2. ... et contre-attaque générale........................... 33
3. Le début du cauchemar.................................... 61
4. Un déjeuner à Madrid...................................... 69

II.
SOUS EMPRISE

1. Naissance d'une légende.................................. 83
2. Un clan très soudé... 93
3. Les mauvais garçons 109
4. Kabylie et Oran, mes amours 119

5. Exfiltré 125
6. Le revanchard 139
7. Vincent, Gérard, Paul et les autres 159
8. Zidane et les nouveaux pères du Real 175

III.
LES RÊVES ÉVANOUIS ?

1. Docteur Karim et Mister Benzema 197
2. *Marseillaise*, mon désamour 235
3. Pour une poignée de main 249
4. L'anti-modèle 257
5. La gifle 273

Un avenir à construire 291

Composition et mise en pages
Nord Compo à Villeneuve-d'Ascq

MAZARINE s'engage pour
l'environnement en réduisant
l'empreinte carbone de ses livres.
Celle de cet exemplaire est de :
0,400 kg éq. CO_2
Rendez-vous sur
www.mazarine-durable.fr

PAPIER À BASE DE
FIBRES CERTIFIÉES

Achevé d'imprimer en Italie par Grafica Veneta
75-1796-*2*/01 - Dépôt légal: *février* 201*6*